저에게

님은

입니다.

*무비 · movie · 舞飛

외화번역가 이미도의
언어 예찬
인생 예찬

자작시 · 산문 그리고 그림을 틀어주는 곳

이미도의
언어
상영관

이미도 짓고 펴냄
헌즈 그림

개미
이집트 왕자
엘도라도
치킨 런
슈렉
스피릿
신밧드-7대양의 전설
슈렉 2
마다가스카
웰레스와 그로밋-거대 토끼의 저주
슈렉 3
쿵푸 팬더
마다가스카 2
드래곤 길들이기

이 사랑스러운 영화들과 인연을 맺어준 분들께 이 책을 바칩니다.

슈렉 포에버
메가마인드
쿵푸 팬더 2
장화 신은 고양이
마다가스카 3
가디언즈
크루즈 패밀리
터보
천재 강아지 미스터 피바디
드래곤 길들이기 2
마다가스카의 펭귄
홈
쿵푸 팬더 3
보스 베이비

언어가 없다면 어떻게 생각하지?*

꽃이 자라게 하는 건 천둥이 아니라 비다.**

*영국 작가 아이리스 머독 **페르시아 시인 루미

언어 예찬

언어는 마음과 마음을 이어주는 맑은 혈관이어야 한다.

언어는 백지에 상상을 터트리는 폭죽이어야 한다.

인생 예찬

Love
Imagination
Fun
Evolution

LIFE

사랑
상상
재미
변화

인생
•

언어 상영을 시작하며 __14

첫 번째 이야기
사랑은 사랑할 수 있는 용기

시   몽돌 __036
산문 내게 공책을 읽어줘 __040

시   오늘만 당신 __046
산문 당신은 내게 부족한 걸 채워서 날 완성해줘 __050

시   사랑비 __056
산문 저 모습을 봐, 우리의 결실을 __058

시   야매 __064
산문 제발, 복권을 사 __068

시   러브 레터 __074
산문 네 잘못이 아냐 __076

시   비채움 __082
산문 운명을 따르는 게 행복이다 __086

두 번째 이야기
상상은 마법 양탄자의 엔진

시 와온 __098
산문 네 삶을 살아 __102

시 분수화 __108
산문 왜 그토록 와인을 좋아하죠? __112

시 용감한 부모 __118
산 재미있게 배워야 진짜 배우는 것 __122

시 너는 알 거야 __128
산문 아이 눈엔 700만 가지가 있다 __130

시 1952년생 감자 __136
산문 있어, 영원한 것도 __140

시 묘비명 __146
산문 날 기억해줘 __148

세 번째 이야기
재미는 행복한 삶의 첫 페이지

시　나와는 결별 __160
산문　진짜 모습을 보여줘요 __162

시　만 권의 여행 __168
산문　인생은 짧아 __172

시　잘못 탄 기차 __178
산문　너 자신의 경주를 하여라 __182

시　삼복 예찬 __188
산문　살아있게 해줘서 고마워요 __192

시　천연기념물 __198
산문　괴물은 양파와도 같아 __202

시　유정 __208
산문　대중은 참신한 걸 원해 __212

네 번째 이야기
변화는 '내 힘들다'를 거꾸로 읽기

| 시 | 별 __224 |
| 산문 | 청춘은 청춘에게만 주기엔 아깝다 __226 |

| 시 | 해보나 마나 __232 |
| 산문 | 탁월함을 목표로 해 전진하라 __234 |

| 시 | 까치발 __240 |
| 산문 | 우린 다 똑같은 색 오줌을 쌉니다 __242 |

| 시 | 미투 __248 |
| 산문 | 광고판은 신의 한 수 같았어요 __250 |

| 시 | 소녀꽃 __256 |
| 산문 | 견딜 수 있다면 해낼 수 있다 __258 |

| 시 | 살얼음 __264 |
| 산문 | 인생은 B와 D 사이의 C __266 |

언어 상영을 끝마치며 __274
감사 편지 __284
And One More Movie __292
보너스 언어 상영회 __300

인간의 위대한 무기
씨씨·CICI

어제 난 우주에서 못되게 굴었다
온종일 아무것도 묻지 않고, 아무것에도 놀라지 않고 지냈다
그저 일상적인 움직임이었다
마치 내가 해야 했던 유일한 것처럼.

시 「주의력 결핍」입니다. 노벨문학상을 수상한 폴란드 시인 비스와바 심보르스카Wislawa Szymborska의 작품입니다. 신통한 데가 없이 허투루 산 하루, 재미없게 보낸 어느 하루를 되돌아보다가 후회하고 자책했을 시인의 모습이 보이는 것만 같습니다. 시인이 이 시로 예찬하는 건 호기심curiosity입니다.

호기심은 인간의 위대한 네 가지 무기, 즉 '씨씨'의 하나이지요. 이때 '씨씨'는 네 개 영어 단어의 첫 글자를 연결한 **CICI**입니다.

> 호기심 · **Curiosity**
> 상상력 · **Imagination**
> 창의력 · **Creativity**
> 혁신력 · **Innovation**

이들 무기는 다음 순서대로 그 기능과 위력이 확장됩니다.

호기심 → 상상력 → 창의력 → 혁신력

제가 첫 시서화집詩書畵集, 즉 시·산문·그림책인 『이미도의 언어 상영관』을 짓고 펴내면서 쓴 무기들도 CICI입니다.

하버드대학교 경영대학원 교수 겸 경제학자였던 시어도어 레빗 Theodore Levitt은 혁신력革新力을 이렇게 정의했습니다. '혁신력은 새로운 걸 실행해 성과를 내는 능력이다(Innovation is doing new things).'
저에게 '새로운 것'은 '첫 시서화집'입니다. 새로운 분야에 처음 도전해 『이미도의 언어 상영관』을 짓고 펴냈기 때문에 저는 '혁신력 무기'를 쓴 것이지요.

한편 시어도어 레빗은 창의력을 이렇게 정의했습니다. '창의력은 새로운 걸 고안하는 능력이다(Creativity is thinking up new things).' '새로운 것'은 곧 '새로운 아이디어'의 산물이기도 할 것입니다. 『이미도의 무비 상영관』이 처음 소개하는 '새로운 것'은 저의 '자작시自作詩'입니다.

그렇다면 우리가 아이디어를 낼 때 쓰는 무기는 무엇일까요? 그렇습니다. 상상력입니다. 상상력은 '머리로 그림을 그리는 능력'입니다. 알베르트 아인슈타인은 이런 글로 상상력이 왜 위대한지 강조하였지요.

상상력은 지식보다 중요하다.
Imagination is more important than knowledge.

그렇다면 '무슨 그림을 그려볼까?' 하고 자신에게 질문할 때 우리가 맨 먼저 꺼내 드는 무기는 무엇일까요? 그렇습니다. 호기심입니다. <아바타 Avatar> 시리즈를 만드는 제임스 카메론 감독은 이렇게 말해 호기심이 왜 위대한 무기인지 강조했습니다.

호기심은 가장 강력한 힘이다.
Human curiosity is the most powerful force.

이제 우리가 가장 중요한 질문을 해야 할 차례가 됐습니다. 호기심을 키우고 즐기고, 상상력을 키우고 즐기고, 창의력을 키우고 즐길 때 쓰는 가장 위대한 무기는 무엇일까요? 정답은 다음 페이지에 있습니다.

가장 위대한 무기는
언어입니다

호기심을 키우고 즐기고, 상상력을 키우고 즐기고, 창의력을 키우고 즐길 때 우리가 꺼내 드는 위대한 무기는 언어입니다. 언어가 없다면 호기심과 상상력과 창의력을 키우고 즐길 수 없으니까요. 그러므로 언어야말로 인간의 가장 위대한 무기입니다.

언어와 더 친해지기 위한 준비는 누구에게나 필수여야 하겠습니다. 왜일까요. 미래의 나와 우리 삶이 더 재미있어질 것이기 때문입니다. 미래의 나와 우리 세계가 더 창의적으로 커질 것이기 때문입니다.

나의 언어의 한계는 나의 세계의 한계다.
The limits of my language are the limits of my world.

철학자 루트비히 비트겐슈타인의 글입니다. '언어력을 키울수록 우리의 세계는 더 창의적으로 커진다'는 게 함의含意입니다. 언어력을 키우려면 독서력을 키우는 게 필수이겠지요. 책이나 신문을 읽지 않고 언어력을 키우기란 분명 어렵습니다. 운동 안 하면 식스팩을 키울 수 없는 이치와 같겠습니다.

독서가 왜 중요한지를 알리는 명문장은 차고 넘치지요. '세계는 한 권의 책이다. 책 속으로 떠나지 않으면 한 쪽짜리 인생이다(세인트 오거스틴).' '생이 한 번뿐이라고 말하는 이는 필시 책을 읽는 법을 모르는 게 분명하다(작자 미상).' '책을 안 읽는 사람은 책을 못 읽는 사람보다 나을 게 없다(마크 트웨인).' '책은 행성이고 열차이며 길이다. 책은 목적지이고 여정이며 집이다(안나 퀸들렌).' '책은 마음을 비추어주는 거울이다(버지니아 울프).' '책을 불태우는 분서焚書보다 나쁜 범죄가 많이 있다. 그 하나가 책을 안 읽는 것이다(요세프 브로드스키).'

이런 명문장도 함께 만나보시지요. '한 생애는 책장 넘기기로 첫 여정이 시작된다(레이첼 앤더스).' '모든 해적이 보물섬에서 훔친 것보다 많은 보물이 책 속에 있다(월트 디즈니).' '독서는 대화다. 모든 책은 말을 한다. 심지어 훌륭한 책은 들어주기까지 한다(마크 해돈).' '사람들이 "난 책을 안 읽어"라고 할 때마다 난 슬퍼진다. 그런 말은, "난 배우지 않아"라거나, "난 웃지 않아"라거나, "난 살지 않아"라고 말하는 것과 다르지 않으니까(작자 미상).' '아이의 세계를 키워줄 손쉬운 방법들 가운데 하나는 아이가 책을 좋아하게 이끌어주는 것이다(재클린 케네디 오나시스).'

독서력 증진은 '거울이 창문이 되게 하는' 노력입니다. 나만 보이는 거울은 좁은 시각, 작은 세계를 은유합니다. 반면 나뿐 아니라 타인도 보이는 창문은 넓은 시각, 큰 세계를 은유합니다.

언어가 인간의 가장 위대한 무기인 이유는 또 있습니다. 무엇일까요?

내 운명의 시작은
언어입니다

전기영화 <철의 여인 The Iron Lady>에서 영국 최초 여성 총리 마거릿 대처는 아버지의 가르침을 평생 실천하며 살았노라고 술회述懷합니다. 그 가르침이란 이겁니다.

잘 생각하여라. 생각은 말이 된다.
Watch your thoughts, for they become words.

잘 말하여라. 말은 행동이 된다.
Watch your words, for they become actions.

잘 행동하여라. 행동은 습관이 된다.
Watch your actions, for they become habits.

좋은 습관을 길러라. 습관은 인성이 된다.
Watch your habits, for they become your character.

좋은 인성을 가져라. 인성은 운명이 된다.
And watch your character, for it becomes your destiny.

아버지의 말씀과 가르침은 대처가 '양심적인 리더'로 성장하도록 나침반과 등대가 돼준 언어입니다. 위도와 경도가 돼 준 언어입니다.

이들 여섯 개는 다음 순서로 영향을 미칩니다.

생각 → 말 → 행동 → 습관 → 인성 → 운명

이렇게 펼쳐놓고 볼 때 운명의 출발점이자 첫 단계가 무엇인지 아주 잘 보이는군요. 그렇습니다. 생각입니다.

그렇다면 우리가 생각할 때 쓰는 무기는 무엇일까요? 이번에도 정답은 언어입니다. 그러므로 언어는 인간의 가장 위대한 무기입니다. 인간의 가장 위대한 무기가 언어인 이유는 또 있습니다. 무엇일까요? 이번 질문의 정답도 다음 페이지에 있습니다.

소통의 심장은 산소통이고
언어는 산소입니다

'눈높이'에 맞추어서 하는 소통은 상대의 머리를 건드립니다. 반면에 '마음의 눈높이'에 맞추어서 하는 소통은 상대의 가슴을 건드립니다.

"미래엔 무엇이 문맹이라고 생각합니까?"

10년 전 일본에 문학기행 갔을 때 제가 『문명의 우울』을 쓴 히라노 게이치로 작가에게 한 질문입니다. 현대사회의 문제점에 대해 그의 생각을 듣는 자리에서였습니다. 망설임 없었던 그의 대답은 이겁니다. "마음을 읽지 못하는 것 아닐까요?"

'지식은 말한다. 지혜는 듣는다(Knowledge speaks. Wisdom listens).' 세계적인 기타리스트 지미 헨드릭스의 명구名句입니다. 저는 이렇게 번역해봅니다. '지식은 입을 연다. 지혜는 귀를 연다.'

이런 은유가 있지요. '머리에서 가슴까지 가는 길이 가장 멀다(The longest distance is between your head and heart).' '나와 너'가 머리로 마음으로 다 잘 통할 때 비로소 소통이 완성된다는 뜻으로도 읽힙니다. 소통의 심장은 산소통이어서 소통 혈관엔 산소가 흐릅니다. 불통不通은 머리와 가슴 사이 혈관에 산소가 결핍된 겁니다. 우리가 이렇게 말하는 근거일 테지요.

"숨 막혀 죽을 것만 같아."

이런 명구도 있습니다. '소통의 기술은 리더십의 언어다(The art of communication is the language of leadership).' 리더는 소통력疏通力이 뛰어나야 한다는 뜻이지요. 이 메시지를 예찬하기 위해 노벨문학상을 받은 극작가 조지 버나드 쇼는 '지혜의 황금 열쇠'같은 좋을 글을 우리에게 남겼습니다.

소통을 어렵게 하는 가장 큰 장애를 꼽자면 소통이 잘 됐다고 착각하는 것이다(The single biggest problem in communication is the illusion that it has taken place).

좋은 소통을 위해 우리가 갈고 닦아야 할 가장 위대한 무기도 언어입니다. '마음의 눈높이'로 상대의 가슴을 건드릴 수 있는 언어력을 키우는 게 필수입니다. 그러므로 '소통의 기술은 리더십의 언어다'라는 명구는 세상을 향해 이렇게 웅변하는 것만 같습니다. "리더가 갖추어야 할 역량들 가운데 필수는 독서력과 언어력과 소통력이다."

자, 이제『이미도의 언어 상영관』은 언어로 무엇을 상영하는 곳인지 들여다 봐야 할 차례가 되었습니다. 독자 여러분을 다음 페이지에 모시겠습니다.

입장하신 '언어 상영관'은
시서화 전용 '시詩네마 천국'입니다

『이미도의 언어 상영관』은 저의 첫 시서화집詩書畫集입니다. 즉, 시와 산문과 그림으로 상차림을 한 책입니다.

        물이
        水
        들어온다
        入
        입에 들어온다
        口
        구불구불 굽이굽이 돌아 물은
        피가 되고
        血
        피는 따뜻하다

        그래서
        溫
        '온'이다

이렇게 시작하는 시 「와온」('두 번째 이야기-상상은 마법 양탄자의 엔진'에 수록)을 포함해 『이미도의 언어 상영관』에 담은 작품은 모두 저의 자작시自作詩입니다. 이번 책에 스물다섯 편을 담았습니다.

산문은 종합일간지 <조선일보>에 연재하는 칼럼 코너 <이미도의 무비 식도락>에서 일부 가져왔습니다. 각 시와 짝을 맺어주면 잘 어울릴 글들로 가려 뽑았습니다. 스물다섯 편을 담았습니다. 저의 시 창작에 영감을 준 명대사·명문장을 만날 수 있을 것입니다. 칼럼 코너명에서 식도락은 '食道樂'이 아닙니다. 먹을 '식食'을 알 '식識'으로 언어유희 한 '識道樂'입니다. 책의 끝부분에 보너스 산문 코너 'And One More Movie'도 마련했습니다.

그림 66점은 삽화 작가 헌즈의 작품입니다. 『똑똑한 식스팩』, 『독보적 영어 책』, 『영화 백개사전 영어 백과사전』 등 앞서 나온 저의 책들 속 삽화도 모두 헌즈 작가의 작품입니다. 이번 책 끝부분에 이색적인 코너 하나를 마련했습니다. '삽화 색인' 코너입니다.

각 산문마다 '숨은그림 톺아보기' 코너가 있습니다. 삽화 속 영화 주인공 캐릭터 뒤의 작은 그림에 어떤 의미가 숨어있는지 들려드리는 코너입니다.

『이미도의 언어 상영관』은 4부로 구성돼 있습니다. 각 챕터 이름은 아래와 같습니다.

> 첫 번째 이야기-사랑은 사랑할 수 있는 용기
> 두 번째 이야기-상상은 마법 양탄자의 엔진
> 세 번째 이야기-재미는 행복한 삶의 첫 페이지
> 네 번째 이야기-변화는 '내 힘들다'를 거꾸로 읽기

각 챕터를 대표하는 키워드는 사랑Love, 상상Imagination, 재미Fun, 변화Evolution입니다. 이름하여 '네 개의 인생 키워드'. 이들 네 개 영어 단어의 첫 글자를 순서대로 이으면 LIFE입니다.

> **L**ove
> **I**magination
> **F**un
> **E**volution

자, 그럼 언어를 감상할 준비가 되셨겠지요? '자작시와 산문 그리고 그림을 틀어주는 곳' 『이미도의 언어 상영관』이 영사기를 돌리겠습니다. 챠르르…!

첫번째 이야기

사랑은
사랑할 수 있는
용기

진정한 사랑의 결말은 해피엔딩이 아니다. 엔딩이 없어야 진정한 사랑이다(True love doesn't have a happy ending. True love has no ending).' 끝까지 가는 진짜 사랑, 그런 사랑을 꿈꾸는 연인들의 연애를 돕기 위해 탄생했을 법한 명대사가 있지요. 저는 그게 'Love means never having to say you're sorry'라고 생각합니다.
<러브스토리 Love Story>의 주제문이기도 한 이 '백미白眉 대사'는 뜻이 뭘까요. '사랑한다면 미안하다는 말을 해서는 안 되는 거야'가 아닙니다. '사랑한다면 미안해해야 할 일이나 잘못을 하지 않는 거야'입니다.

시 몽돌

산문 내게 공책을 읽어줘

몽돌

보고 싶다, 속삭이고
손가락 튕겨 잎 하나 뜯는다
아니야 아니야 아니야 고개 저으며
손가락 튕겨 잎 하나 뜯는다
낙화하듯 잎은 떨어지고 떨어지고 떨어지는데
성난 파도만치 솟은 그리움

해변에 뚝뚝 떨어진 그리움은
새까맣게 방울져 타 끝내 몽돌이 된다

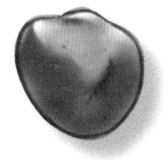

보고 싶다, 속삭이고
두 눈 감싸 동공 한 조각 뜯는다
아니야 아니야 아니야 고개 저으며
두 눈 감싸 동공 한 조각 뜯는다
촛농처럼 동공은 쪼그라지고 쪼그라지고 쪼그라지는데
성난 바람만치 부푼 그리움

사랑을 잃어서
새하얗게 서리가 내려앉은 동공에
새까만 몽돌 두 알 주워 차곡 채운다.

내게 공책을 읽어줘

'봄의 정원으로 오라/ 이곳에 촛불과 술과 꽃이 있으니/ 만일 당신이 오지 않는다면/ 이것들이 무슨 의미가 있는가/ 만일 당신이 온다면/ 이것들이 또한 무슨 의미가 있는가.'

페르시아 시인 메블라나 젤랏룻딘 루미의 작품입니다. 제목은 '봄의 정원으로 오라'. 많은 작품에서 그의 '정원'은 신神과의 합일合一, 연인과의 합일을 상징합니다. 드라마 <노트북 The Notebook>의 소재는 후자입니다.

주인공은 황혼의 남녀. 남자는 오늘도 요양병원 정원에서 공책을 펴 소리 내 읽습니다. 그 내용은 영화의 반을 차지하는 가난한 청년 노아와 재력가 딸 앨리의 운명적 러브스토리입니다. 듣고 있던 여자가 어느 대목에선가 의아해하며 반응합니다. "들어본 이야기 같아요." 하지만 그뿐, 그녀 표정은 다시 남자에게 무심해집니다. 그녀는 치매를 앓는 앨리입니다.

이런 글이 있습니다. '사랑은 일생의 여정旅程이다. 중요한 건 여정을 시작할 때 얼마만큼 사랑하느냐가 아니라 여정의 마지막 순간까지 얼마나 사랑을 키우느냐다(Love is a journey of lifetime. It is not how much love we have in the beginning, but how much love we build until the end).'

공책을 읽어주는 남자는 노아입니다. 그는 여정의 끝 단계를 예감합니다. 그럼에도 아내를 향한 사랑은 작아지지 않습니다. 희망이 있기 때문입니다. 사랑은 기억이 아니라 마음과 영혼 안에 존재하는 감정이기에 치매가 사랑만은 못 빼앗아갈 거라는 희망…. 게다가 그에겐 마법의 주문呪文이 있습니다. 아내가 둘의 삶을 기록한 공책 속 글입니다. '이걸 읽어줘. 그럼 당신에게 돌아올게(Read this to me, and I'll come back to you).'

대단원 무대는 촛불과 포도주와 꽃병이 차려진 요양병원의 방. 공책 속 이야기에서 연인이 극적으로 재회하는 대목을 듣던 앨리의 표정이 달라집니다. 그녀가 그들의 '정원'에 돌아오는 걸까요. 촛불과 술과 꽃의 존재를 다 잊게 하는 순간입니다.

> 봄의 정원으로 오라
> 이곳에 촛불과 술과 꽃이 있으니
> 만일 당신이 오지 않는다면
> 이것들이 무슨 의미가 있는가
> 만일 당신이 온다면
> 이것들이 또한 무슨 의미가 있는가.

숨은그림 톺아보기

메블라나 젤랄룻딘 루미(Mevlana Jelaluddin Rumi)는 13세기 페르시아의 신비주의 시인입니다. 어린 시절엔 신학자·법률가 아버지에게 가르침을 받았습니다. 청년 시절엔 아버지의 친구에게 '예언자들과 성자들의 학문'을 배웠습니다. 30대 후반부터는 영감靈感이 충만한 많은 송시頌詩와 영가를 지었습니다. 루미의 명구名句들 가운데 보배로운 몇 개를 소개합니다.

'과거에 난 영리했다. 그래서 난 세상을 바꾸려고 했다. 지금의 난 지혜롭다. 그래서 난 나 자신을 바꾸기로 했다.' '막말 실력을 키우지 말고 세련된 언어력을 키워라. 꽃이 자라게 하는 건 천둥이 아니라 비다.' '당신은 대양의 한 방울 물이 아니다. 한 방울 물속에 든 우주 전체다.'

시 오늘만 당신

산문 당신은 내게 부족한 걸 채워서 날 완성해줘

오늘만 당신

오늘로만 살아갑니다

장기 계획은 없습니다
중기 계획도 없습니다
오늘 계획만 있습니다

오직 그것만이 느낌표
나머진 다 물음표이니까요
하루하루를 오늘로만 사는 이유이니까요

오늘만이 으뜸 소중한 이유는
오늘만이 으뜸 빛나는 이유는
까마득히 많습니다
그 이유는 자그마치 백만 송이

거두절미

구십 구만 구천 구백 구십 구 송이를
다 무릎 꿇려버리는
단 한 송이의 이유는
당신입니다.

당신은 내게 부족한 걸 채워서 날 완성해줘

"Show me the money."

무명의 흑인 미식축구 선수가 백인 스포츠 에이전트에게 그렇게 요구합니다. '나에게 돈을 보여줘'라는 뜻일까요? 아닙니다. '말로만 나를 키워주겠다고 하지 말고 떼돈을 들고 와서 내게 너의 능력을 증명해봐'입니다. 영어가 모국어가 아닌 독자들한테는 마치 '겉 다르고 속 다른' 영어처럼 보일 수 있는 표현이지요.

로맨스 영화 <러브 스토리 Love Story>에도 그런 표현이 있습니다. 'Love means never having to say you are sorry'입니다. 겉만 보면 그 뜻이 '사랑은 미안하다는 말을 하지 않는 거야'처럼 보이고, 그렇게 알려져 있지만 속을 들여다보면 이 뜻입니다. '사랑한다면 미안해해야 할 일이나 잘못을 하지 않는 거야'이거든요.

영화 <제리 맥과이어 Jerry Maguire>의 주인공 제리는 한때 잘나갔던 스포츠 에이전트입니다. 회사에 체질 개선을 요청하는 경영 제안서를 냈다가 괘씸죄에 걸려 해고된 건데요, 하루아침에 깡통 차게 된 그가 막장에 떨어지지 않은 건 흑인 풋볼 선수 로드가 그를 신뢰하고 따라준 덕분입니다.

제리에겐 로드 말고도 구원투수가 또 있습니다. 그의 '착한' 신념을 믿고 따라 나온 경리 직원 도로시입니다. 둘의 관계는 사랑으로 발전합니다. 문제는 그 사랑에 대해 제리가 확신이 부족하다는 점입니다. 명성을 쌓아 로드에게 떼돈을 벌어줘야 하고 가정의 경제도 일으켜야 하는 과제가 그를 미친 듯이 일에만 몰두하게 만든 결과입니다.

로드가 맹활약해 경기를 승리로 이끌던 날 제리가 비로소 깨닫습니다. 사랑은 함께 서로를 채워주는 것임을…! 그가 도로시에게 달음질쳐 가 고백합니다.

"당신은 내게 부족한 걸 채워서 날 완성해줘(You complete me)."

겉만 보면 도로시를 향한 칭찬이 맞지만 속을 들여다보면 작품의 설정상 사과의 뜻도 담겨 있지요. '해야 할 땐 꼭 미안한 마음을 표현하는 것'이 사랑이니까요.

> 사랑한다면
> 미안해해야 할 일이나 잘못을
> 하지 않는 거야.

숨은그림 톺아보기

거북이 우그웨이는 애니메이션 <쿵푸 팬더Kung Fu Panda> 1편과 4편에 등장하는 큰 사부입니다. 1편에서 그는 판다 포를 용의 전사Dragon Warrior로 간택합니다. 한편 쿵후 고수의 재목이 못 된다고 판단한 포는 낙향을 결심합니다. 이에 큰 사부가 '어제와 내일 그리고 오늘'의 잠언을 들려줍니다. 그 후 포는 수련에 전념해 진정한 용의 전사로 거듭납니다.

Yesterday is history.
어제는 과거다. 그러니 나쁜 기억이나 아픔은 잊어라.
Tomorrow is a mystery.
내일은 미스터리다. 그러니 미리 걱정하거나 두려워하지 말라.
Today is a gift.
오늘은 선물이다. 가장 소중한 건 현재다.
매 순간을 소중하게 아끼며 재미있게 살아라.

시 사랑비

산문 저 모습을 봐, 우리의 결실을

사랑비

모든 사랑의 비기닝은

무릇 신비롭게 문을 열지

모우暮雨 속 비옷처럼 몸 둘을 감싸지

마음속 꽃불 하나비가 팡팡팡 꽃망울 터뜨리지

먼저 준비해서 맞이하면

마냥 사랑비를 허락하지.

저 모습을 봐, 우리의 결실을

"신의 존재를 믿지 않는다고 하셨는데, 박사님께 도움을 주는 삶의 철학이 있습니까(You have said you don't believe in God. Do you have a philosophy of life that helps you)?"

  때는 1980년대 말. 이론물리학자 스티븐 호킹이 역작力作『시간의 역사 A Brief History of Time』를 출간했을 무렵 미국 강연장에서 청중이 한 질문입니다. <사랑에 대한 모든 것 The Theory of Everything>은 이 질문에 대한 호킹의 답을 담은 전기 영화입니다.

  스티븐 호킹과 제인 와일드는 1963년 영국 케임브리지 대학교 교정에서 만나 사랑에 빠집니다. 건강했던 남편이 루게릭병(근위축성 측색경화증筋萎縮性 側索硬化症)으로 쓰러졌을 때 제인은 의사에게 2년을 못 넘길 거라는 시한부 진단을 받고도 헌신적으로 보살핍니다.

호킹이 폐렴으로 쓰러졌을 때도 아내의 극진한 사랑은 가망이 없어 보이던 남편의 생명을 기적적으로 살려냅니다. 그 후 호킹은 '우리는 누구인가? 우리는 왜 이곳에 있는가?'와 같이 삶과 생명에 대한 철학적 질문에 천착穿鑿합니다. 그런 사색의 여정에서 답을 찾을 때 아내의 사랑은 늘 그에게 커다란 빛이 돼줍니다.

『시간의 역사』는 호킹 부부의 사랑이 25년 되던 해에 완성된 결실입니다. 호킹은 청중의 질문에 이렇게 답합니다.

"인간의 노력엔 어떤 한계도 없습니다. 삶이 아무리 험난해도 우린 뭔가 할 수 있고 해낼 수 있습니다. 살아있는 한 우리는 희망이 있습니다(While there is life, there is hope)."

끝부분에서 아내가 묻습니다. "우리의 시간들이 무척 특별했지? 그런데 당신, 지금은 뭘 쓰고 있어?" 뛰어노는 자식들의 모습에서 눈을 못 떼며 호킹이 말합니다. "저 모습을 봐, 우리의 결실을(Look what we made)!" 무한한 우주와 시간의 역사를 특별하게 이어주는 것은 사랑의 결실인 아이들이라고 호킹은 말하는 것이지요.

> 인간의 노력엔
> 어떤 한계도 없습니다.
> 삶이 아무리 험난해도
> 우린 뭔가 할 수 있고
> 해낼 수 있습니다.
> 살아있는 한
> 우리는 희망이 있습니다.

숨은그림 톺아보기

"세상이 온통 분노와 싸움으로 가득해." "난 없어선 안 되는데 이젠 아냐." "사람들은 내가 왜 중요한지 알지 못해. 그래서 사람들이 나를 쉽사리 치워놓아."

세 개의 촛불이 그렇게 탄식하곤 하나씩 스러집니다. 양초 이름은 순서대로 평화Peace, 믿음Faith, 사랑Love입니다. 방에 들어온 아이가 꺼진 양초들을 보더니 울음을 터뜨립니다.
다행히도 촛불은 한 개 더 있습니다. "아이야, 난 희망의
촛불이란다. 아직 난 타고 있어서 다른 양초들을 밝힐 수 있지.
희망을 잃지 않으면 평화와 믿음 그리고 사랑의 촛불을 지킬 수
있단다(With hope each of us can live with Peace, Faith, and Love)."

서 야매

산문 제발, 복권을 사

야매

2월의 끝자락이
노루꽁지만치 짧아질 때면
볕과 별이 예쁜 지리산 아랫자락
시인의 뜰에 달려가리라

도시에서나 융숭하게 대접받을
번화한 욕망 따윈 냅다 벗어던지고
시인의 뜰에 달려가리라

하늘에는
별꽃이 만개하고
시인 눈에는
꽃별이 만 개나 피는 밤

첫눈 뜬 청매화가
지루했던 동면을 둘둘 말아 툭툭 밀쳐놓고서
아기 웃음 사르릉 사르릉 터뜨리는 밤

첫 무대에 설 때만치 달뜬 홍매화는
앙다문 맹세인양 붉은 립스틱 옅게 바르고
불 빨간 온에어 생방송을 기다리는 밤

고양이 발걸음조차 행여나 놀랄세라
세 번 네 번 숨 고르고
수줍게 입술 열어 인사하는 꽃봉오리처럼
지리산 시인은 밤에 핀 매화에게 윙크를 보내고 있으리라

인간의 욕망이 반 토막 낸 철일지언정
일순간이 일평생처럼 치열하여라
너, 들에 피는 밤 매화여
정품 야매夜梅여

참말로만 시를 짓는 시인과 벗할 꽃이 되고파
뜰에 피는 밤 매화여
정품 야매여

마주보는 내 볼살과 네 볼살처럼
알맞게 불살이 익어 토토톡 터지는 모닥불처럼
별꽃 핀 하늘에 꽃별 쏘아 올리는 2월의 끝자락이
매실주 빛깔로 익어갈 때면
시인의 뜰에 달려가리라

그리하여
한 꽃송이 두 꽃송이
청매화 홍매화 야매를 따 청실홍실 꿰어선
그대에게 띄우리라,
나 동봉해서.

제발, 복권을 사

'책을 안 읽는 사람은 책을 못 읽는 사람보다 나을 게 없다(The man who does not read has no advantage over the man who can't read).'

소설가 마크 트웨인의 촌철살인입니다. '독서의 계절' 가을이 절정에 다다를 때면 문득 궁금해집니다. 어쩌다가 가을만이 독서의 계절이 된 걸까요. 우리 국민이 책을 가장 적게 읽는 계절이라는 통계에 그 이유가 들어 있습니다.

<먹고 기도하고 사랑하라 Eat Pray Love>는 동명 소설을 각색한 드라마입니다. 리즈는 이혼한 작가인데요, 상실의 아픔 때문에 괴로워하자 친구가 그녀에게 조크 하나를 들려줍니다. "어느 가난한 이탈리아인이 매일 꼬박꼬박 광장의 성인聖人 조각상에 기도했어. '제발, 복권이 당첨되게 해주세요.' 그러자 참다못한 조각상이 버럭 소리쳤대."

'제발, 복권을 사(Please buy a ticket).'

리즈는 조각상의 가르침대로 실천합니다. '꿈꾸지만 말고 꿈꾸는 걸 실천하는 삶을 살라'는 함의含意를 읽어낸 그녀는 '복권ticket' 대신 '비행기 탑승권ticket'을 마련합니다.

리즈는 'I'로 시작하는 나라들인 이탈리아Italy·인도India·인도네시아Indonesia를 여행하면서 사랑을 잃어 허기진 욕망을 맛난 음식들로 채웁니다. 성인聖人을 만나 종교적 신심信心이 깊어진 후론 균형 있는 삶과 사랑에 대하여도 깨달음을 얻습니다.

성 아우구스티누스는 이런 글을 남겼지요. '세계는 한 권의 책이다. 책 속으로 떠나지 않으면 한 쪽짜리 인생이다(The world is a book, and those who don't travel only read one page).'

한 쪽짜리 인생으로 머물길 거부하여 책과 벗해 떠난 리즈. 마침내 그녀는 진정한 '나'를 발견할 뿐만 아니라 새 사랑과 함께 돌아옵니다. '내면이 한층 더 찬 성숙한 인격체'가 되어….

> 책을
> 안 읽는 사람은
> 책을
> 못 읽는 사람보다
> 나을 게 없다.
>
> 세계는
> 한 권의 책이다.
> 책 속으로
> 떠나지 않으면
> 한 쪽짜리 인생이다.

숨은그림 톺아보기

'본 업소는 정직하게 정품만 팝니다.'

문학기행 하러 가던 길이었습니다. 고속도로 휴게소 광장의 미니 잡화점 홍보문구가 눈을 잡아끌더군요. 문구를 이렇게 바꾸면 사람들이 더 재미있어하지 않을까, 하고 상상해봤습니다. '본 업소는 정직하게 정품 야매만 팝니다.' 그날 밤 저는 지리산 아랫자락에서 '정품 야매'를 보았답니다.
이런 글이 있습니다. '더 멀리 여행할수록 '나'를 더 잘 알게 된다(The farther I travel, the closer I am to myself)'. 극 중 리즈도 자신과 더 가까워진 존재로 돌아올 것만 같습니다.
이렇게 변주해보면 어떨까요. '더 많이 읽을수록 '나'와 더 가까워진다(The more I read, the closer I am to myself).' 책 속에 여행을 떠나는 게 독서이니까요.

시 러브 레터

산문 네 잘못이 아냐

러브 레터

떠난 새벽이 돌아오지 않는 밤
새까맣게 탄 그리움이 새하얗게 눈썹이 새는 밤
설국의 숲은 잠옷으로 갈아입지 못하고
앙상한 나뭇가지들도 솜이불을 펴지 못한다

국경의 긴 터널을 건너온 나그네가
가와바타 야스나리의 설국 여관에서
차가운 술잔과 고독을 벗할 때
떠난 여인을 기다리며
눈꺼풀이 무거워진 나뭇가지 하나

뚝

부러진다

푸드득

놀라 깬 새가 적막을 깨운다

툭

눈물샘 둑이 터진다

캄캄하고 묵적墨寂한 밤
허공의 벼루에 눈물로 먹을 갈아
편지를 쓴다

'그대, 잘 있나요?'

네 잘못이 아냐

요정 지니는 병에서 꺼내주면 안 들어가려고 하지요. 그래서 생겨난 표현이 'You can't put the genie back in the bottle(지니는 병 속에 다시 집어넣을 수 없다)'입니다. '엎질러진 물은 주워 담을 수 없다'에 딱 어울리는 은유이지요.

장편 애니메이션 <알라딘 Aladdin>에서 알라딘은 지니에게 자유를 허락합니다. 알라딘이 지니와 이별의 포옹을 하는 장면에 이런 대사가 따라나옵니다. "지니, 이제 넌 자유야. 난 네가 보고 싶을 거야."

이 장면은 2014년 8월 배우 로빈 윌리엄스가 세상을 떠났을 때 다시 등장했습니다. 미국 영화예술아카데미협회는 둘의 뭉클한 포옹 사진에 대사를 자막으로 넣어 SNS에 올리는 것으로 조의를 표했습니다.

'지니, 넌 이제 자유야(Genie, you're free).' 왜 그랬던 걸까요? 지니의 목소리를 연기한 배우가 바로 그였거든요.

로빈 윌리엄스가 대학교수 숀 역役으로 출연한 영화가 있습니다. <굿 윌 헌팅 Good Will Hunting>입니다. 그가 상담 치료를 맡은 '착한 청년' 윌 헌팅은 수학 천재입니다. 그 사실을 숨긴 채 윌은 매사추세츠공과대학교와 공사판에서 허드렛일을 하며 살아갑니다. 윌에겐 떨쳐내지 못한 상실의 아픔이 있기에 늘 표정에 수심이 깃들어 있습니다. 어릴 때 부모에게 버림받은 경험이 운명처럼 찾아온 사랑 앞에서 그를 움츠러들게 합니다. 연인이 떠나려 할 때도 붙잡지 못합니다.

고아가 된 사연을 처음 털어놓고 오열하는 윌을 숀은 오랫동안 포옹하곤 이렇게 위로합니다.

"네 잘못이 아냐. 네 잘못이 아냐(It's not your fault. It's not your fault)."

족쇄와도 같던 그간의 아픔이 홀가분하게 치유되는 순간입니다. 윌의 영혼은 병을 빠져나온 지니처럼 자유로워집니다. 그렇기에 대단원에서 그는 엎지른 물을 주워담기 위해 길을 떠납니다. 떠나간 연인을 붙잡기 위하여! 두 연인의 재회를 상상하는 숀의 만면에 미소가 가득합니다.

> 네 잘못이 아냐.
> 네 잘못이 아냐.

숨은그림 톺아보기

소설 『반지의 제왕 The Lord of the Rings』 시리즈를 지은 J. R. R 톨킨과 무척 친했던 영국 작가가 있습니다. 신앙심이 깊어 '작은 그리스도'라고 불리기도 했습니다. 1963년 11월 22일 미국 대통령 존 F. 케네디와 같은 날 사망해 그의 영면永眠은 토픽 뉴스에서 뒷전으로 밀려났습니다.

그의 이름은 C. S. 루이스입니다. 동명 영화의 원작 소설인 『나니아 연대기 The Chronicles of Narnia』를 지었습니다. 그는 독신으로 살다가 58세 때 미국 시인 조이 데이비드먼과 결혼했습니다. 안타깝게도 2년 후 아내를 암으로 떠나보낸 후 '슬픔'에 관한 글을 많이 지었습니다.

그가 이런 명구를 남겼습니다. '우리를 무너뜨리는 건 짊어진 짐이 아니다. 그 짐을 극복하는 태도이다(It's not the load that breaks you down. It's the way you carry it).'

시 비채움

산문 운명을 따르는 게 행복이다

비채움

비우고 싶은 계절
겨울이 오면 떠나련다

그곳에서 새롭게 채워보라며
탁해진 마음 새하얗게 씻어줄 눈과 만나련다

채우고 싶은 계절
여름이 오면 떠나련다

그곳에서 뜨겁게 사랑하라며
미지근해진 열정을 달굴 태양과 만나련다

움트고 싶은 계절

봄날이 오면 떠나련다

그곳에서 수평선처럼 가슴을 펴보라며

꽁꽁 언 감성 바다를 깨줄 대자연의 박동과 만나련다

비우고 채우고 움트게 하는

합천군 가회면 황매산로 '비채움'으로 떠나련다

가슴이 먼저 눈뜨는 가을엔

'비채움' 정원이 더 그리워질 거다

시인의 정원 '시원詩園'이 더 아른거릴 거다

그러면 또 떠나련다

그리고 만나련다

당신.

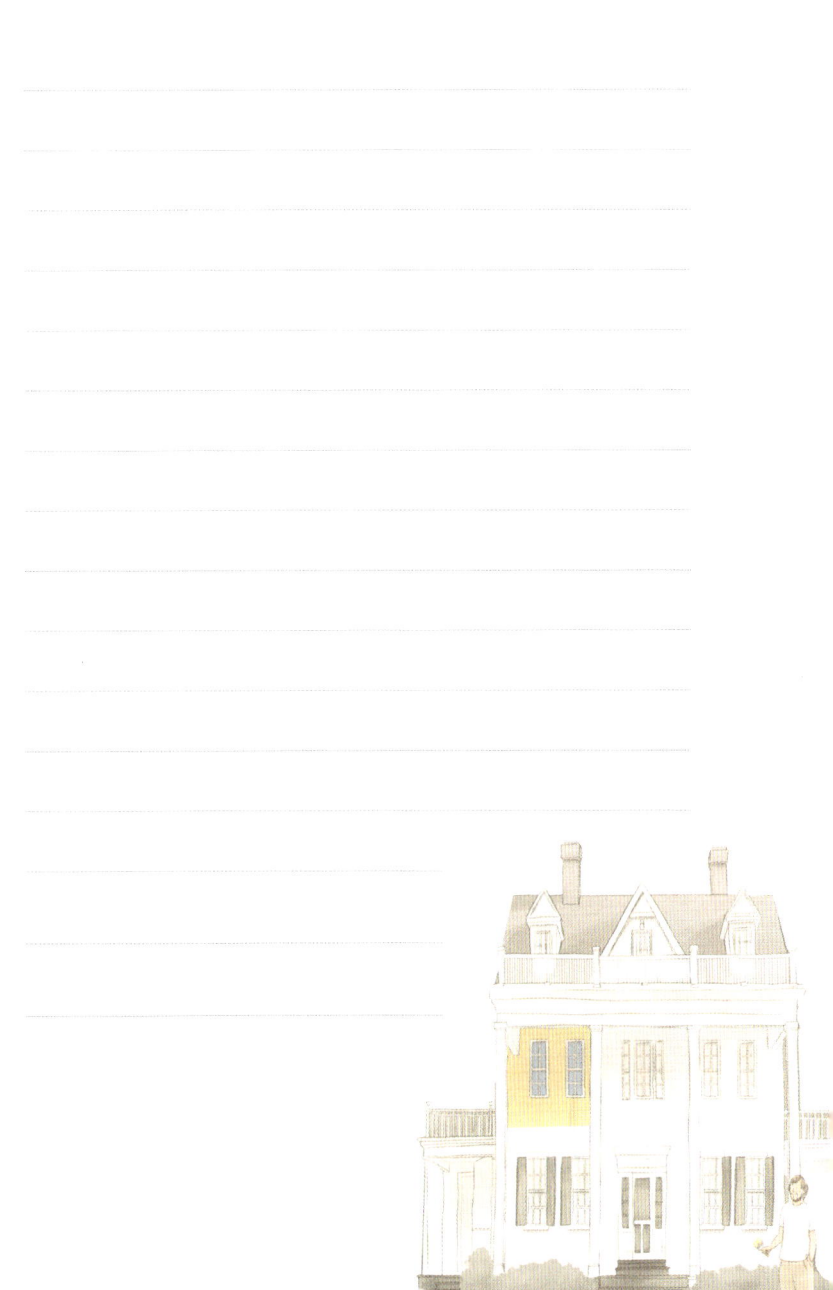

운명을 따르는 게 행복

"어떻게 하면 그런 창의적 성과를 냅니까?"

시카고대를 나온 수많은 노벨상 수상자가 받은 공통의 질문입니다. 그들의 대답은 뭐였을까요? '좋아하는 걸 하십시오(Do what you love).'

프로메테우스가 훔쳐 인간에게 준 '프로메테우스의 불 Promethean Fire'은 창의력을 상징하지요. 그가 인간에게 창의력을 주며 이런 충고를 했을 것만 같습니다. '자네 삶을 살게(Live your life).' 함의含意는 '재미있게 살라'입니다. 이런 충고도 했을 것만 같아요. '기적이 되게(Be the miracle).' 누구나 노력해서 '더 나은 나'로 변화하면 그게 곧 기적이라는 뜻이지요.

창의력이 존재해야 하는 위대한 이유는 '재미와 변화'이지 않을까요? 그걸 깨닫는 과정을 그린 영화가 <꾸뻬씨의 행복 여행

Hector and the Search for Happiness>입니다. 소설의 꾸뻬가 영화에선 헥터입니다. 정신과 의사 헥터는 지금 행복하지 않습니다. 일이 재미없어지자 변화하고 싶어진 헥터는 홀로 '행복 찾기 여행'을 떠납니다.

우리는 종종 자문自問하지요. '어떻게 하면 행복할 수 있을까?' 자기계발서가 뚝딱 답을 내놓을 것만 같은 질문입니다. 한편 무척 드물게 자문하지요. '왜 행복해야 하지?' 인문학책만이 답을 찾게 해줄 것 같은 질문입니다. 헥터는 후자의 질문에 대한 답을 찾는 순례에서 이걸 깨닫는군요.

'운명을 따르는 게 행복이다(Happiness is answering your calling).'

행복의 반대는 재미없게 사는 거라고 믿는 저는 'Do what you love'의 실천이 곧 운명을 따르는 삶이라고 생각합니다. 그래야 우리의 일과 삶이 나날이 재미있고 창의적일 수 있을 테니까요.

'자유란 네가 좋아하는 걸 하는 것(Freedom is doing what you love)'이고, '행복이란 네가 지금 하는 걸 재미있게 즐기는 것(Happiness is loving what you do)'입니다. 그렇기에 행복의 시작은 곧 좋아하는 걸 하는 것이지요.

"
자유란
네가
좋아하는 걸
하는 것이다.

행복은
네가
지금 하는 걸
재미있게 즐기는 것이다.
"

숨은그림 톺아보기

'죽기 전에 꼭 가봐야 할 곳들의 목록'인 버킷 리스트bucket list에 세 곳을 추가했습니다. 하나, 시애틀 파이크 플레이스 마켓에 있는 '스타벅스 1호점'입니다. 공식 명칭은 스타벅스 파이크 플레이스점. 둘, 매사추세츠주 콩코드에 있는 헨리 데이비드 소로의 통나무집입니다. 월든 호숫가 숲에 있는 이 오두막은 불후의 수상집 『월든 Walden』의 산실로 유명합니다.
셋, 미국 뉴욕 맨해튼에 있는 피츠 태번Pete's Tavern입니다. 1864년에 문을 연 주점酒店입니다. 이런 홍보문구가 그곳을 찾는 이들의 눈을 사로잡습니다. '오 헨리가 유명하게 만든 주점The Tavern O'Henry Made Famous.' 오 헨리가 거기서 아름다운 소설을 지었거든요. 시곗줄과 머리핀이 소재인 작품입니다. 가난한 젊은 부부의 사랑 이야기 『크리스마스 선물 The Gift Of Magi』입니다.

사랑은 사랑할 수 있는 용기

두 번째 이야기

상상은
마법 양탄자의
엔진

'상상력은 지식보다 중요하다(Imagination is more important than knowledge).' 앞에서도 소개한 알베르트 아인슈타인의 명구입니다. 그렇습니다. 인간이 무한無限, infinity마저 넘어 훨훨 날 수 있게 하는 날개가 상상력입니다.

그렇다면 생각할 때나 상상할 때 우리가 쓰는 무기는 뭘까요? 영국 소설가 아이리스 머독이 우리에게 묻습니다. "언어가 없다면 어떻게 생각하죠(If one doesn't have words, how does one think)?" 그렇습니다. 사고력과 상상력을 키우려면 언어력과 독서력을 키워야 합니다.

철학자 루트비히 비트겐슈타인이 말했습니다. "나의 언어의 한계는 나의 세계의 한계다(The limits of my language are the limits of my world)." 그렇습니다. 언어력을 키우면 키울수록 우리의 세계가 창의적으로 더 커집니다.

시 와온

산문 네 삶을 살아

와온

물이

水

들어온다

人

입에 들어온다

口

구불구불 굽이굽이 돌아 물은

피가 되고

血

피는 따뜻하다

그래서

溫

'온'이다

태초부터 백성이 있다

그래서도 태백이다

태백의 하늘

태백의 산과 들

태백의 바다

태백의 천지간 피는 백성 피다

쭉정이 아닌 백성 피는 태초부터 따뜻하다

하염없이 낮추고 엎드리는 따뜻한 피다

그래서

臥

'와'다

'와'가 '온'을 끌어안을 때 비로소 붉다

해넘이 타오름처럼 붉다

그렇게 낮고 따뜻한 백성끼리 끌어안는 바다가

순천만 동쪽 끄트머리 와온臥溫이다

물이 들어온다

바닷물이 들어온다

광목 치마 풀어 펼친 갯벌에 들어온다

태초만큼 까마득한 저 갯벌 끝 수평선에서부터

바다는 스스로 낮추고 엎드려

광목 치마에 물을 토해낸다

붉디붉고 따뜻한 물이다

와온 바다 갯벌은 그 피를 받아 생명을 잉태한다

아낙이 와 온 마음 적셔 허리를 숙인다

사내도 와 온 마음 적셔 자신을 낮춘다

그렇게 와온 바다 갯벌에서 아낙과 사내는 이삭을 줍는다

낮아서 따뜻한 와온 바다는 그래서 성스럽다

낮아서 따뜻한 백성도 그러하다

태초부터 그러하다.

네 삶을 살아

"저는 결점이 아주 많지만 장점도 하나 있어요. 그건 매사에 호기심을 갖는 것이고, 그게 바로 제 삶의 원동력입니다."

폴란드의 노벨 문학상 수상 시인 비스와바 심보르스카가 인터뷰집 『16인의 반란자들』에서 한 말입니다. 그녀는 시 '주의력 결핍'에서도 호기심을 예찬禮讚합니다.

'어제 난 우주에서 못되게 굴었다/ 온종일 아무것도 묻지 않고, 아무것에도 놀라지 않고 지냈다/ 그저 일상적인 움직임이었다/ 마치 내가 해야 했던 유일한 것처럼.'

한 번뿐인 생을 재미있게 살라고 창조자가 우리에게 내려준 무기가 호기심입니다. 시인은 그걸 허투루 썼다고 고백한 것이지요. 잠들기 전 그녀가 우주에서 못되게 군 어느 하루를 복기하며 자신에게 으르렁거리는 모습이 보이지 않는지요.

<예스 맨 Yes Man>은 주야장천 우주에서 못되게 굴며 쳇바퀴처럼 사는 직장인 칼이 주인공입니다. 이혼한 후로 사는 게 재미없어진 칼은 '노No'를 입에 달고 삽니다. 대출 회사 상담원인 그는 톱니바퀴처럼 출근하고 기계처럼 일합니다. 칼퇴근해 집에 오면 소파에서 뒹굴며 TV만 봅니다. 지켜보던 친구가 직격탄 충고를 날립니다. "네 삶을 살아(Live your life)."

이 대사의 함의含意는 '재미있게 살아'입니다. 재미있는 삶의 원동력인 호기심을 썩히지 말라는 강한 타박이 깔려있습니다. '단어 하나가 모든 걸 바꿀 수 있다(One word can change everything)'는 명구대로 칼이 남발해온 단어 '노'는 '예스Yes'가 됩니다. 그의 삶이 180도 달라집니다.

칼이 번지 점프에 도전합니다. 사진 동호회에 들어가 데이트도 하고 한국어도 배웁니다. '내' 삶을 이해하는 정도에 그치는 게 아니라 '내' 삶에 변화가 일어나게 하는 방식이 바로 호기심(Curiosity isn't just a way of understanding your life. It's a way of changing your life)이라는 걸 충분히 깨달았기에.

> '내' 삶을
> 이해하는 정도에
> 그치는 게 아니라
> '내' 삶에
> 변화가 일어나게 하는
> 방식이
> 바로 호기심이다.

숨은그림 톺아보기

우표 인물은 폴란드 시인 비스와바 심보르스카입니다. 1996년은 시인이 노벨문학상을 수상한 해입니다. 수상소감문에서 그녀가 이렇게 말했습니다.

"대부분의 사람들은 생존의 수단으로 일을 합니다. 혹은 일을 해야 한다는 의무감 때문에 일을 합니다. 스스로의 의지와 열정으로 일을 선택한 것이 아니라 삶의 조건들이 그들을 대신하여 선택을 내리곤 합니다(They didn't pick this or that kind of job out of passion; the circumstances of their lives did the choosing for them)."

이렇게 이어집니다. "좋아하지 않는 일, 지겨운 일, 그나마 그런 일조차 하지 못하는 사람들이 많다는 사실을 알기에 어쩔 수 없이 가치를 인정할 수밖에 없는 일, 이런 일에 종사한다는 건 인간에게 닥친 가장 슬픈 불운 중의 하나일 것입니다."

시 분수화

산문 왜 그토록 와인을 좋아하죠?

분수화

화수분

만년필로 쓰고 거꾸로 읽어본다
오호라, 분수화噴水花다
물꽃 뿜뿜 쏘아 올리는 분수화다

화수분

끊이지 않게 재물을 내놓는다는 너
보물단지 꿀단지라는 너
오늘은 나를 위해 네가 분수화가 돼보렴

사그락 사그락 사그락
난생 처음 써본다는 만년필로
'사랑의 물리학'을 필사하는 도깨비 친구들에게도
오늘은 네가 분수화가 돼보렴

글감 곳간이 텅텅 비지 않게
아이디어 금고가 텅텅 비지 않게
총천연색 상상꽃이 물꽃으로 솟아오르게
오늘은 네가 분수화가 돼보렴

분수 닮은 너 파운틴 펜
신통방통한 너 몽블랑 만년필아
분수화 꽃피우는 뮤즈의 샘이 목마르지 않게
만 년 동안 잉크병과 친해지자꾸나.

왜 그토록 와인을 좋아하죠?

'예수님이 물을 포도주로 바꾼 기적을 종교적, 영적 의미에서 서술하시오(Write about the religious and spiritual meaning in the miracle of Christ turning water into wine).'

약 2세기 전 한 영국 대학생이 받은 시험문제라고 합니다. 그는 두 시간 꼬박 한 줄도 안 쓰고 있다가 감독관이 다가오자 딱 한 문장을 적어 제출합니다. '물이 주님을 보고 얼굴이 붉어졌다(The water met its Master and blushed).' 학생 이름은 로드 바이런입니다. 이 얼마나 빼어난 은유인지요.

수필가·철학자 프랜시스 베이컨은 '불에 잘 타는 땔감old wood best to burn, 오래된 와인old wine to drink, 믿음이 두터운 친구old friends to trust, 연륜 깊은 노작가의 책old authors to read'을 가리켜 '오래된 것일수록 좋은 것 네 개'라고 예찬했지요.

<사이드웨이 Sideways>는 '장작이 타닥거리는 벽난로 곁에서 아껴둔 와인을 맛보며 인생을 논하는 연인의 이야기'입니다. 문학을 가르치는 영어 교사 마일스는 소설가가 꿈입니다. 하지만 출판사마다 그에게 희소식이 오지 않습니다. 창의성을 숙성하고 싶은 그는 캘리포니아 곳곳의 양조장을 순례합니다. 때마침 운명적 여인 마야가 등장합니다. 와인을 벗해 친해지자 남자가 묻습니다. "와인을 왜 그토록 좋아하죠(Why are you so into wine)?" 이 평범한 질문은 그의 인생을 바꿔놓는 매개가 됩니다.

"와인은 살아있는 생명체와 같아요. 끊임없이 변화하면서 복잡하고 다채롭게 깊어지다가 절정의 맛에 이르죠. 그 후론 소멸을 향해 시들다가 필연적으로 생을 마감하고요."

　　마일스의 표정은 무릇 바이런의 답안지를 받아든 감독관만큼이나 놀라움으로 가득합니다. 소설가의 꿈을 잃어가던 그에게 영감을 불어넣는 뮤즈의 여인을 바라보며 마일스는 와인처럼 얼굴이 붉어집니다.

> 오래된 것일수록
> 좋은 네 개는
> 불에 잘 타는 땔감,
> 오래된 와인,
> 믿음이 두터운 친구,
> 연륜 깊은 노작가의
> 책이다.

숨은그림 톺아보기

포도주병 속 인물은 아래 글을 남긴 프랜시스 베이컨입니다.

독서는 완전한 사람을 만든다.
Reading makes a full man.
회의는 준비된 사람을 만든다.
Conference makes a ready man.
글쓰기는 정밀한 사람을 만든다.
Writing makes an exact man.

폴란드의 예술영화 감독 크쉬시토프 키에슬로프스키Krzysztof Kieslowski는 '세 가지 색 3부작'을 만들었습니다. 그중 <세 가지 색: 레드>의 뮤즈는 시인 비스와바 심보르스카의 시 「첫눈에 반한 사랑 Love At First Sight」입니다. 이렇게 시작합니다. '갑작스러운 열정이 둘을 맺어주었다고/ 두 남녀는 확신한다./ 그런 확신은 분명 아름답지만,/ 불신은 더욱더 아름다운 법이다.'

시 용감한 부모

산문 재미있게 배워야 진짜 배우는 것

용감한 부모

애-애-애

들킬 짓 아닌데
가슴에 화살이 박히는 아이

지금 책 읽을 시간 어-**딨-어**
학원 숙제나 해

내 아이 책 읽을 시간에 쏘아 꽂는
무지하게 용감한 부모의 활

내 아이 호기심에도 한 발
내 아이 상상력에도 한 발
내 아이 창의력에도 한 발

가슴에서 화살을 뽑아 든 아이가
책 읽을 시간 죽이는 '사교육'에서
글자 한 개 뽑고 내민다

사육

재미있게 배워야 진짜 배우는 것

'정규 교육에서 호기심이 살아남는 건 기적이다(It is a miracle that curiosity survives formal education).'

아인슈타인의 지적指摘입니다. 키워주기는커녕 되레 호기심과 창의성을 죽이는 암기 위주 교육의 폐해를 향한 비판이고요. 그가 십대 때 중퇴한 이유를 밝히는 말이기도 하지요. 이 대목에서 재미없는 교육 시스템을 우려한 교육철학자 로버트 허친스의 말을 떠올려 봅니다.

'교육의 목적은 학생들 머리에 지식을 채워주는 게 아니라 그들이 사고思考하게 가르치는 것임을 잊어선 안 된다(It must be remembered that the purpose of education is not to fill the minds of students with facts...it is to teach them to think).'

삼십 세에 총장이 된 그는 시카고대학교가 명문대로 크도록 이끌었지요. 학생이 사고하게 돕는 게 창의력을 키워주는 교육이고, 그걸 위한 최고 방법은 '인문학 독서 교육 강화'라고 믿어 밀어붙였고요. 그의 헌신이 초석이 돼 시카고대학교는 지금까지 백 명에 가까운 노벨상 수상자를 냈지요.

<마틸다 Matilda>는 그의 교육관이 잘 밴 영화입니다. 여섯 살 마틸다는 『위대한 유산 Great Expectations』을 탐독할 만큼 독서광입니다. 반면에 책을 백해무익하다고 여기는 부모는 딸의 왕성한 지적 호기심을 짓밟습니다.

교장은 더 가관입니다. '재미있으면 배우는 게 아냐'라고 외치는 엉터리 교육자여서 아이들 일과에서 재미란 재미는 죄다 빼앗기 일쑤입니다. '재미있게 배워야 진짜 배우는 것(If you're having fun, you're learning)'임을 아는 마틸다가 반격에 나섭니다. 기발한 상상력과 초능력을 발휘해서.

원작은 로알드 달의 동명同名 소설입니다. 주입식 교육을 앞세워 입시 경쟁을 부추기느라 창의성을 키워줄 독서 교육은 뒷전인 교육 공무원들이 꼭 봤으면 좋겠습니다.

> 정규 교육에서
> 호기심이 살아남는 건
> 기적이다.
>
> 교육의 목적은
> 학생들 머리에
> 지식을 채워주는 게 아니라
> 그들이 사고하게
> 가르치는 것임을
> 잊어선 안 된다.

숨은그림 톺아보기

'이미도의 아이스크림 천재 영문법'. 제가 쓴 어린이 영어학습 만화책의 제목입니다. 앞 세 단어의 첫 두 글자씩만 연결하면 '이미 아이 천재'가 되지요.

책의 부제는 '백살 공주와 일곱 아이돌'입니다. 일곱 아이돌은 그레고리Gregory, 로빈Robin, 에이미Amy, 마사Martha, 매튜Matthew, 알파Alpha, 로보Robo. 일곱 개 영어 이름들의 첫 글자를 연결하면 'GRAMMAR'가 됩니다. '문법'이지요.

책에서 '그랜마grandma 즉, 할머니가 된 백설공주'는 아이들에게 영어 그래마grammar 즉, 문법을 가르칩니다. 아이들은 영어 울렁증이 있는 마녀와 영어 배틀을 벌입니다.

마녀 이름은 칠령팔락七零八落의 변형 '칠렐레 팔렐레'입니다. 천방지축 푼수 마녀로, 특이하게도 빗자루 대신 할리데이비슨Harley-Davidson 오토바이를 타고 날아다닙니다. 오토바이 동력은 마녀의 방귀입니다. "빠드등!"

시 너는 알 거야

산문 아이 눈엔 700만 가지가 있다

너는 알 거야

머리에 광주리를 인 엄마 앞 저 아이는
어찌도 저다지도 발걸음이 기운찬지

소금 팔러 가는 엄마랑
새벽길 나섰다가 함께 돌아오는 건지

아니면

꼬박 온종일
마을 어귀 언덕에서
울 엄마 언제 오시나 눈 빠지게 기다리다가
아이 좋아 아이 좋아 아이 좋아
기뻐 앞장선 건지

나목裸木,
너는 알 거야.

아이 눈엔 7백만 가지가 있다

'시詩는 육지에 살면서 하늘을 날고 싶어 하는 해수海獸의 일기다
(Poetry is the journal of a sea animal living on land, wanting to fly in the air).'

미국 시인 칼 샌드버그의 은유隱喩입니다. 알베르트 아인슈타인의 명구 하나도 소개합니다. '상상력은 지식보다 중요하다 (Imagination is more important than knowledge).'

거장 스티븐 스필버그가 두 명구名句를 창작의 뿌리로 삼았을 법한 영화가 <이티 E.T. the Extra-Terrestrial>입니다. 무척 흥미롭게도 감독은 두 위인의 얼굴과 애완견 퍼그의 얼굴을 합쳐 기념비적 캐릭터를 창조했습니다. 감성과 두뇌가 뛰어나고 얼굴이 하트 심벌 형태인 외계 생명체 이티입니다.

무대는 미국. 지구 식물을 채집하러 온 이티가 길을 잃습니다. 인간 소년 엘리엇은 이티를 방에 숨겨놓고 여동생에게 입단속

을 시킵니다. "엄마한테도 비밀이야. 이티는 어른들한텐 안 보여. 아이들 눈에만 보여." 이티의 존재는 대단원에 이를 때까지 어른들에게 들키지 않습니다. 아이들의 기지機智가 빛난 덕분인데요, 이 대사를 통해 감독이 우리에게 '아이 눈'으로 세상을 보라고 속삭이는 것만 같습니다.

이티는 엘리엇과 함께 통신 장비를 만듭니다. 아뿔싸, 이티가 자신의 행성에 연락을 시도한 직후 엘리엇 집에 연방 요원들이 들이닥칩니다. 엘리엇은 이티를 자전거에 태워 빼돌립니다. 경관들이 도주로를 막자 엘리엇과 이티는 날 수 있는 해수가 돼 솟아오르더니 하늘에서 자전거 페달을 밟습니다. 이티를 데려갈 우주선이 있는 숲을 향해….

이런 은유가 있습니다. '어른 눈엔 세계 7대 불가사의가 보이고 아이 눈엔 불가사의가 700만 가지 보인다(There are no seven wonders of the world in the eyes of a child. There are seven million).' 이 글은 감독의 속삭임처럼 우리가 영원히 천진난만한 '아이 눈'을 잃지 말아야 하는 경이로운 이유가 아닐까요.

> 어른 눈에는
> 보인다,
> '세계 7대 불가사의'가.
>
> 아이 눈에는
> 보인다,
> 700만 가지 불가사의가.

숨은그림 톺아보기

<이티>엔 인상적인 장면이 많습니다. 그 하나는 소년 엘리엇이 숲속에 새알 초콜릿을 뿌려주는 장면입니다. 소년이 외계생명체 이티와 친해지고 싶다는 의사표시이지요.『헨젤과 그레텔 Hansel and Gretel』의 설정을 패러디한 것이고요.

이 장면을 위해 <이티> 제작진은 초콜릿 회사 '엠앤엠즈M&Ms'에 찾아가 광고 협찬을 제안했습니다. 결과는 보기 좋게 퇴짜. 이티가 못생겨 아이들이 겁먹게 될 거라고 '엠앤엠즈'가 속단한 겁니다. 디자이너(designer)는 'de(파괴하다) + sign(고정관념) + er(사람)'입니다. '상식파괴자'라는 뜻입니다. <이티> 제작진은 이어서 '리지스 피시즈Reese's Pieces'에 찾아갔습니다. 아이처럼 상상하지 못하고, 고정관념에 젖어있던 '엔앤엠즈'와는 달리 그들은 광고 협찬 제안을 수락했고, 매출은 천정부지로 솟았습니다. 혁신의 출발은 '고정관념 깨기'입니다.

시 1952년생 감자

산문 있어, 영원한 것도

1952년생 감자

"도마 위 저 감자
먹으려고 사다 놓은 걸까요?
먹고 싶어 그린 걸까요?"

감자 그림 앞에서 질문하자
관람객들이 눈 모아 속삭이듯 대답한다

"먹으려고 사다 놓은 감자예요."

허기지면 콩자반 몇 톨 털어 넣고
벌컥벌컥 냉수를 들이켰다는
박수근의 가난을 몰랐기 때문일 거다

"도마 위 저 감자
먹으려고 사다 놓은 걸까요?
먹고 싶어 그린 걸까요?"

그림 앞에서 다시 질문하자
관람객들이 손뼉 치듯 입 모아 대답한다

"먹고 싶어 그린 감자예요."

"그럼 도마 위 저 굴비
먹으려고 사다 놓은 걸까요?
먹고 싶어 그린…"

말 끝마치기도 전에 우렁차게 대답한다

"그야 먹고 싶어 그린 굴비죠오오오."

있어, 영원한 것도

때는 1897년. 병마로 고생하던 말년의 고갱은 인생 역작力作의 왼쪽 윗부분에 제목을 적습니다.

우리는 어디서 오는가?(Where Do We Come From?)
우리는 무엇인가?(What Are We?)
우리는 어디로 가는가?(Where Are We Going?)

죽을 운명인 우리가 '인간의 조건'과 '인생의 의미'에 대해 생각할 때 매달리는 화두話頭이지요. 그림 오른쪽 아래엔 탄생의 상징인 아기가, 중앙엔 지식 추구와 욕망의 원형인 아담과 이브가, 왼쪽 아래엔 이승과의 이별을 맞이할 노인이 있지요. 시간이 우에서 좌로 흘러가는 구도이고요.

이런 상상을 해봤습니다. '한 소설가가 고갱 작품을 감상하고 있다. 문학적 상상력이 뛰어나기에 그는 다른 이들이 안 해봤음 직한 역발상을 한다. 작품과 반대로, 시간이 좌에서 우로 흐르는 이야기를 써본다면?' 제 상상 속 '그'는 1922년에 단편소설 『벤저민 버튼의 기이한 사건』을 쓴 미국 소설가 F. 스콧 피츠제럴드입니다.

<벤저민 버튼의 시간은 거꾸로 간다 The Curious Case of Benjamin Button>는 피츠제럴드의 소설을 대폭 각색한 영화입니다. 충격적이게도 갓 태어난 벤저민의 몸은 80대 노인입니다. 더 놀라운 건 나이 먹을수록 젊어진다는 사실. 여주인공 데이지는 소녀 때부터 벤저민에게 호감을 가집니다. 하지만 노화를 거스르는 벤저민과 꽃병 속 꽃처럼 시들어가는 데이지는 이별과 재회를 반복하며 서로의 곁을 맴돕니다.

고갱처럼 세상 끝 오지에서 방황하다 돌아오는 벤저민. 세계적인 발레리나로 성공하지만 교통사고로 꿈을 접고 돌아오는 데이지. 둘은 서로의 고뇌와 고통을 어루만지며 사랑에 빠집니다. 마침내 고갱의 작품명처럼 근원적 질문에 마주한 연인은 일생일대의 대화를 시작합니다.

벤저민이 처연하게 말합니다. "영원한 것은 없어(Nothing lasts)." 데이지가 간절하게 속삭입니다. "영원한 것도 있어(Some things last)." 그들은 새 생명을 잉태합니다.

> 탄생의 상징인 아기가
> 오른쪽 아래에서,
> 지식 추구와 욕망의 원형인
> 아담과 이브가
> 가운데에서,
> 이승과 곧 이별하는 노인이
> 왼쪽 아래에서
> 우리에게 묻습니다.
>
> "우리는 어디서 오는가?
> 우리는 무엇인가?
> 우리는 어디로 가는가?"

숨은그림 톺아보기

네덜란드 태생 모리츠 코넬리스 에셔Maurits Cornelis Escher는 그래픽 아트의 선구자입니다. 대표작들 중 하나는 '상대성 Relativity'입니다.
4개의 계단이 있고, 계단을 중심으로 4개의 시각이 섞여 있는 그림으로 영원과 무한을 변형해 표현한 작품입니다. 크리스토퍼 놀란 감독의 영화 <인셉션 Inception> 포스터와 비교해보면 유사성을 발견할 수 있겠습니다. 이 책에 실린 '두 번째 이야기- 상상은 마법 양탄자의 엔진' 편 '챕터 삽화'는 '상대성'과 '인셉션' 포스터를 패러디한 것입니다.
에셔의 '올라가기와 내려가기 Ascending and Descending'도 소재가 계단입니다. 작품 속 인물들은 계단을 계속해 돌게 되는 구도인데요, 벌새의 날갯짓과도 닮은 '뫼비우스의 무한성'과 '시공간의 연속성' 개념이 잘 어우러진 결작입니다.

시 묘비명

산문 날 기억해줘

묘비명

살아서는
가볼 수 없던 길로 가노라

다시 태어나면
이렇게 쓰련다

죽어서는
가볼 수 없는 길을
가보았노라.

날 기억해줘

'죽음은 누구도 치유하지 못할 심적 고통을 남긴다. 사랑은 누구도 뺏어가지 못할 추억을 남긴다(Death leaves a heartache no one can heal. Love leaves a memory no one can steal).'

애니메이션 <코코 Coco>를 보고 떠올린 아일랜드 묘비명입니다. 상실의 비통悲痛을 아물게 할 사랑의 추억을 노래하기 위해 이 걸작은 먼저 흑백 사진을 공개합니다. 어린 딸 코코의 가족사진엔 아빠의 얼굴만 없습니다. 가수가 되겠다며 떠나 영영 안 돌아온 남편을 용서하지 않은 아내가 찢어 없앤 겁니다. 그런 연유로 그들 가문엔 음악이 4대째 금기어입니다.

무대는 멕시코. 주인공은 코코의 증손자 미구엘. 가수가 꿈인 소년은 신비한 기운에 이끌려 '죽은 자들의 날Day of the Dead'에 사자死者들의 세상에 빨려 들어갑니다. 극적으로 코코의 아빠를 만난 소년은 그가 가족에게 돌아오지 못한 사연을 듣게 됩니다. 그의 명성과 악보를 뺏은 자에게 독살된 겁니다.

문제는 후손이 그의 사진을 제단祭壇에 올려 추모하지 않으면 곧 그의 영혼이 죽은 자들의 세상에서마저 영원히 사라진다는 것. 한편 평생 아빠를 기다리며 그리워한 코코가 마지막 숨을 거두려 하는데….

이승에 돌아온 소년은 코코에게 달려가 '날 기억해 줘 Remember Me'를 노래합니다. 아기 때부터 코코가 아빠랑 즐겨 부른 곡입니다. 기적적으로 깨어난 코코가 감동해 눈물을 흘립니다. 미구엘 덕분에 아빠의 사랑과 옛 추억이 되살아난 겁니다. 코코가 서랍에서 뭔가를 꺼내는군요. 남몰래 간직해온 아빠의 얼굴입니다.

소년이 완전체完全體가 된 가족사진을 제단에 올립니다. 저승에 있는 코코의 아빠도, 소년의 대가족도 기뻐합니다. '행복한 가정은 더 일찍 만나는 천국이다(A happy family is but an earlier heaven).' 극작가 조지 버나드 쇼의 이 은유가 참 잘 어울리는 아름다운 장면입니다. 소년도 머잖아 가수의 꿈을 이룰 것만 같습니다.

> 죽음은
> 누구도
> 치유하지 못할
> 심적 고통을 남긴다.
> 사랑은
> 누구도
> 뺏어가지 못할
> 추억을 남긴다.

숨은그림 톺아보기

우표 인물은 극작가 조지 버나드 쇼입니다. 1925년에 노벨문학상을 수상한 대작가로 『인간과 초인 Man and Superman』 등 60여 편의 희곡을 썼습니다. 특히 신화에서 인물과 소재를 따온 『피그말리온 Pygmalion』은 1938년에 동일 제목의 영화로도 제작돼 그에게 아카데미 각본상을 안겨주었습니다.

쇼가 유명한 묘비명을 남겼지요. '우물쭈물하다가 나 이렇게 될 줄 알았다.' 영어 원문은 'I knew if I stayed around long enough something like this would happen'입니다.

쇼는 결코 우물쭈물하며 살지 않았습니다. 그러므로 이게 맞습니다. '충분히 오래 살면 이렇게 관 속에 누워있게 된다는 걸 난 이미 알고 있었다.' 다작多作하는 작가로 왕성하게 일하며 95세를 산 쇼의 유머 감각을 잘 보여주는 묘비명이지요.

성장은

마법
양탄자의

엔진

세 번째 이야기

재미는
행복한 삶의
첫 페이지

'행복은 지금 하는 것을 재미있게 즐기는 것이다(Happiness is loving what you do).' 이 글에서 우리는 '행복과 재미가 떼려야 뗄 수 없는 관계'임을 알 수 있습니다.

'어제 난 우주에서 못되게 굴었다.' 이건 앞에서 만나본 노벨 문학상 수상 작가 비스와바 심보르스카의 시 「주의력 결핍」의 첫 행이지요. 이 작품엔 작가가 '재미없게 산 하루, 행복하지 않게 산 하루, 허투루 낭비한 하루'를 복기하면서 자기 자신에게 자책하는 모습이 담겨 있다는 걸 함께 감상해 보았고요.

'주의력'을 '주의 력'으로 떼어 써봅니다. '주主의 힘力'이 됩니다. 프로메테우스가 훔쳐 인간에게 준 '프로메테우스의 불'은 창조자의 능력들 가운데 하나인 창의력creativity입니다. 아인슈타인은 '지능을 재미있게 쓰는 능력이 창의력이다(Creativity is intelligence having fun)'라고 했습니다. '창의도 재미와 떼려야 뗄 수 없는 관계'임을 알 수 있습니다.

시 나와는 결별

산문 진짜 모습을 보여죠

나와는 결별

사랑할 때
떼려야 뗄 수 없는
프렌치 맛 키스는커녕
뜨거운 맛 키스는커녕
달콤한 맛 키스는커녕
풋풋한 맛 키스는커녕
수줍은 맛 키스는커녕
뽀뽀마저 아끼는
나와는 결별이다

떼려야 뗄 수 있는 내 입술아,
너와도 결별이다.

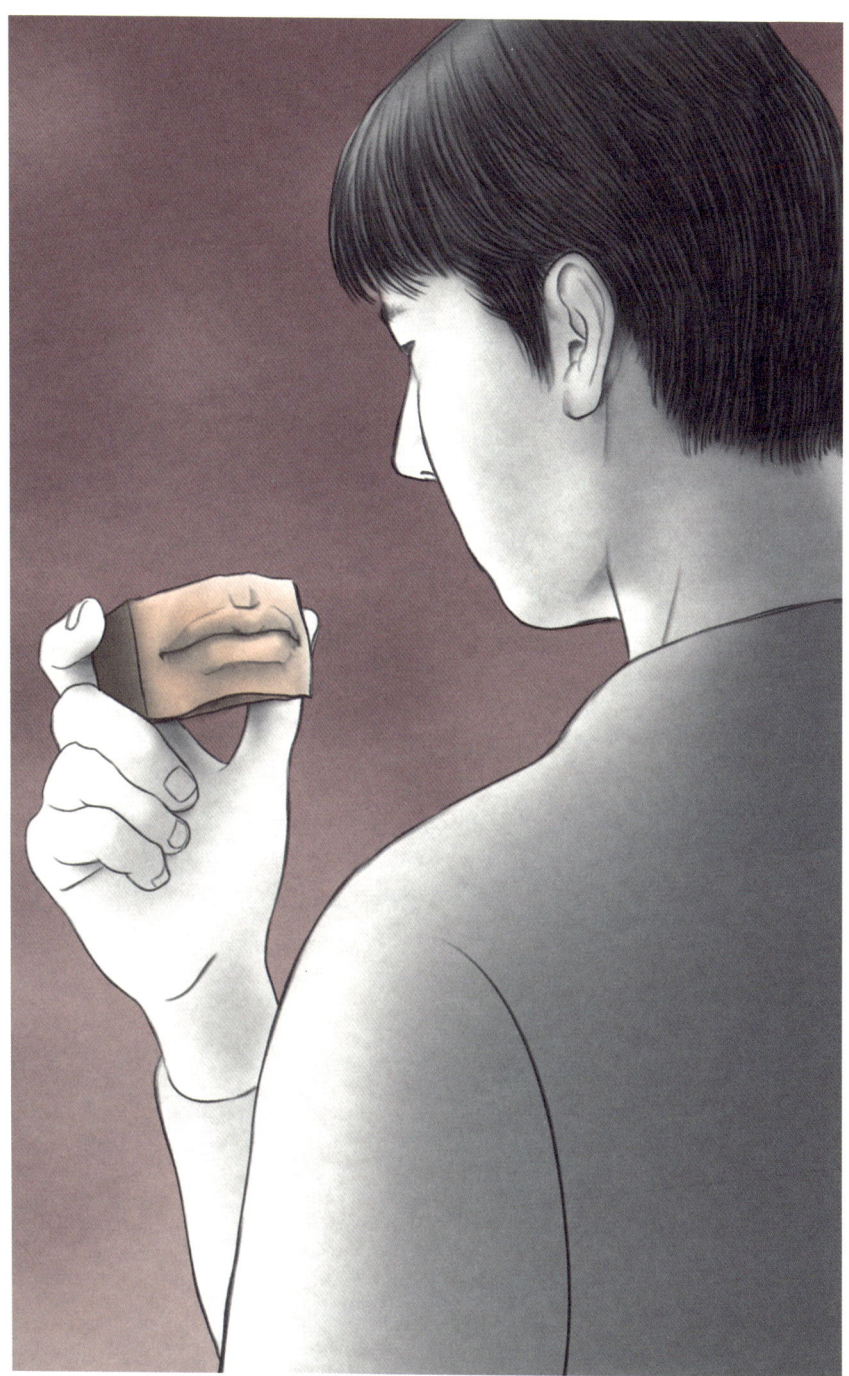

진짜 모습을 보여줘요

'세상에서 제일 아름다운 여자를 보게 되거든 그녀에게 전해줘요.
내가 미안해한다고, 사랑한다고.'

찰리 리치의 곡 '제일 아름다운 여자 The Most Beautiful Girl'의 가사입니다. <송 포 유 Song for Marion>에서 이 노래는 주인공의 사부곡思婦曲입니다.

영국의 어느 작은 마을. 시한부 환자 매리언은 무척 들떠 있습니다. 그녀가 속한 합창단이 합창대회 본선에 나가기 때문입니다. 매사에 긍정적인 그녀는 노래하고 축복하며 자기만의 '인생 에필로그'를 써나가는 건데 그걸 이해하지 못하는 심술보 남편 아서는 병세가 더 나빠질까봐 아내의 바깥 활동을 못마땅해합니다.

'두려워 말고 세상에 보여줘요, 내가 사랑하는 이유인 당신의 진짜 모습을요.' 신디 로퍼의 곡 '진짜 모습 True Colors'의 가사입니다. 꼬장꼬장한 품성과 부정적 태도만이 남편의 전부가 아님을 잘 아는 매리언이 이 노래를 불러준 이후로 아서가 달라집니다. 안타깝게도 이 곡은 남편을 향한 마지막 노래가 돼버리는데… "당신은 든든한 언덕이야(You are my rock)"라며 늘 지지해준 아내가 그리워지자 아서는 되돌릴 수 없는 시간을 한탄하며 오열합니다.

영국 작가 조지 엘리엇은 이렇게 썼습니다. '당신이 꿈꾸던 걸 이루어보려 할 때 언제 시작하든 너무 늦음은 없다(It's never too late to be what you might have been).'

아서는 본선 무대에 못 나간 아내의 꿈을 대신 이뤄주려고 오디션을 받습니다. 곡명은 찰리 리치의 '제일 아름다운 여자'. 그의 숨은 실력에 놀란 지휘자 엘리자베스가 간절하게 청합니다.

"매리언이 하기로 했던 독창까지 맡아줘요." 두려워하는 그에게 그녀가 이렇게 용기를 북돋웁니다. **"청중에게 당신의 진짜 모습을 보여줘요(Let everyone see you)."**

무대에 오른 아서는 아내에게 너무나 부족한 언덕이었음을 후회하며 아내를 향한 '진짜 마음'을 담아 절창합니다. 모두를 숨 멎게 하는 또 하나의 사부곡 제목은 가려둡니다.

> 당신이
> 꿈꾸던 것을
> 이루어보려 할 때
> 그걸
> 언제 시작하든
> 너무 늦음은 없다.

숨은그림 톺아보기

영국 소설가 조지 엘리엇George Eliot입니다. 그녀는 드라마 <송 포 유 Unfinished Song>의 주제문으로 꼽아도 손색이 없을 명문을 남겼습니다.

'이별의 아픔 속에서만 사랑의 깊이를 알게 된다(Only in the agony of parting do we look into the depths of love).'

앞의 산문에 소개한 그녀의 명구 즉, '당신이 꿈꾸던 걸 이루어보려 할 때 그걸 언제 시작하든 너무 늦음은 없다(It's never too late to be what you might have been)'를 미국 시인 존 그린리프 휘티어John Greenleaf Whittier의 글과 묶어 기억해보면 유익할 것 같습니다. 그의 시 「모드 뮬러 Maud Muller」 중 끝부분입니다.

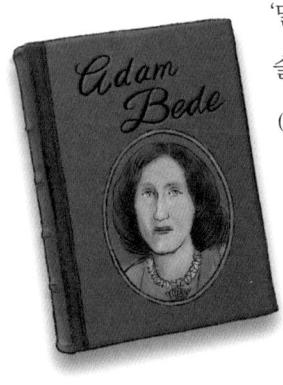

'말이든 글이든 모든 슬픈 말 가운데 가장 슬픈 건 이것이다. "그때 왜 안 해봤을까" (Of all sad words of tongue and pen the saddest are these; It might have been)!'

시 　만 권의 여행

산문 　인생은 짧아

만 권의 여행

여행은

온몸으로 떠나는

독서

독서는

영혼으로 떠나는

여행

어느 작가는 노래했지

나는야 화답하지

여행은
내 마음속 빈 지도에
위도 경도 등대를 채워가는 것

여행은
내 마음속 몰스킨 노트에서
수줍음 타는 동물들이 뛰놀게 하는 것

여행은
빈 종이로 떠나
만 권의 책으로 돌아오는 것.

인생은 짧아

헨리 데이비드 소로(1817-1862)가 탄생한 지 200주년이 지났습니다. 하버드대를 나온 그는 1845년부터 2년 2개월 2일간 월든 호숫가에서 독거獨居 생활을 하였지요. '삶의 주요 목적'과 '소박한 삶'을 사색의 주된 과제로 삼아서 지은 불후의 명작 『월든 Walden』을 남겼고요.

저는 『월든』을 대표하는 명문장으로 '나는 어디서, 무엇을 위해 살았는가 Where I Lived, and What I Lived For' 편에 있는 글을 꼽습니다.

'없어도 되는 게 많을수록 그만큼 부자다(A man is rich in proportion to the number of things which he can afford to let alone).'

얼마만큼 소유하고 있느냐로 부를 평가하지 말고 얼마나 비우며 살 수 있느냐로 부를 평가하라는 가르침입니다. 즉, 소로에게 진정한 부란 물질적 부가 아니라 '비울수록 더 자유로워지는' 정신적 부라는 뜻이지요.

 소로의 수많은 은유 중 우릴 으뜸으로 사로잡는 명구名句도 하나 있지요. '숲을 산책하고 왔더니 내 키가 나무보다 커졌다(I took a walk in the woods and came out taller than the trees).' '나'는 어떤 존재인지, 내 삶의 목적은 무엇인지에 대해 이전보다 더 '큰 그림'으로 볼 줄 아는 성숙한 영혼이 '나무보다 큰 키'이지 않을까요.

 영화 <나의 산티아고 I'm Off Then>는 독일 코미디언 하페 케르켈링의 '산티아고 길' 여행기입니다. 부와 명성을 다 가진 그는 과로로 무너집니다. 급기야 죽을 수도 있다는 진단을 받자 숨 가쁜 일상에 잠시 이별을 고합니다. 그러곤 791㎞를 홀로 걷습니다. 끝없이 이어지는 고통의 길 위에서 그는 되뇌곤 합니다. "인생은 짧아(Life is short)."

 영화의 원작인 하페의 에세이 『그 길에서 나를 만나다』는 영화엔 다 못 담은 깨달음들, 특히 짧은 인생을 어떻게 살지에 대한 통찰로 가득합니다. '너무 많은 걸 원하지 말자'는 그중 하나이고요. 42일간 '기나긴 고행의 숲'에서 그는 그렇게 더 큰 나무가 되어 돌아온 것입니다.

> 숲을
> 산책하고 왔더니
> 내 키가
> 나무보다 커졌다.

숨은그림 톺아보기

세 평 남짓한 이 통나무집이 불후의 명작 『월든 Walden』의 산실입니다. 헨리 데이비드 소로와 가까운 친구들 가운데 사상가·시인 랠프 왈도 애머슨이 있습니다. 소로가 통나무집을 지을 때 쓰라며 도끼를 빌려준 친구입니다.

십수 년 전 어느 책에선가 저는 애머슨의 글을 하나 만났습니다. '먼 곳의 친구보다 소중한 건 없다. 그들은 내게 위도와 경도다.' 그걸 영역해 간직하기도 했습니다. 'There is nothing more precious as to have friends at a far distance; they are latitudes and longitudes to me.'

알아본 결과 글쓴이는 소로입니다. '먼 곳에 친구가 있으면 우리는 세상이 얼마나 넓은지 더 잘 알 수 있다. 그들은 위도·경도 같은 존재다.' 이 뜻의 원문을 소개합니다. Nothing makes the earth seem so spacious as to have friends at a distance; they make the latitudes and longitudes.

시 　잘못 탄 기차

산문 　너 자신의 경주를 하여라

잘못 탄 기차

뽕 따러 간다, 아니다
뽕 보러 간다
고등학생 홍군이
뽕 가려고 나신裸身을 보러 간다

독사 눈깔 뽑아먹을 독수리 눈깔 피해서
뽕 따러 들어간다, 아니다
뽕 보러 들어간다

나오나? 오, 나온다
빗었나? 오, 벗었다

홍군 앞에 등장한 건
이미숙이다, 아니다
아놀드 슈워제네거다

뽕을 봤으면
청불영화 감독이 됐을까?
나신 터미네이터를 봐
스포츠트레이너로 날리는 미스터 홍

지금은 사라진,
홍군이 잘못 탔던 기차는
서울 고덕구 상일동의
동시상영관

너 자신의 경주를 하여라

'한밤중에 노래하는 검은 새야/ 부러진 날개로 나는 법을 배우렴/ 너는 평생/ 떠오를 그 순간을 기다려왔잖니(Blackbird singing in the dead of night/ Take these broken wings and learn to fly/ All your life/ You were only waiting for the moment to arise).'

비틀스 명곡 「블랙버드 Blackbird」의 일부입니다. 성장 드라마 <빌리 엘리어트 Billy Elliot>의 홍보문구와 그 메시지가 닮아있습니다. '우리는 다 내면에 언제든 뛰쳐나올 준비가 돼 있는 '특별한 재능'을 품고 있다. 관건은 그 재능을 발견하는 것이다(Inside every one of us is a special talent waiting to come out. The trick is finding it).'

주인공은 11세 소년 빌리 엘리어트. 무대는 영국의 한 탄광촌. 빌리는 어머니가 그립습니다. 살아있다면 꼭 자기 꿈을 밀어줄 것만 같거든요. 소년의 꿈은 발레리노가 되는 것. 한편 광부 아버지는 아들이 복싱과 레슬링을 배우길 강제합니다. 왜일까요. 훗날 아들이 혹시라도 가혹한 세상의 장벽에 맞서 홀로서기를 해야 할 때 투사의 정신력으로 잘 헤쳐나가길 바라서입니다.

한편 빌리는 꿈을 가로막는 아버지의 몰이해야말로 세상에서 가장 높은 장벽이라고 생각합니다. 다행스럽게도 은인이 등장합니다. 발레 선생님 윌킨슨입니다. 그녀는 '블랙버드 빌리'에게 날아오를 수 있는 재능이 있다는 걸 알아보곤 헌신적으로 돕습니다.

몹시 추운 날, 아버지는 남몰래 연습하는 아들을 우연히 보게 됩니다. 힘차고 아름다운 몸짓. 열정이 가득 찬 눈빛. 매타작까지 해가며 꺾으려 한 아들의 꿈이 얼마나 간절한지 깨달은 아버지는 마음을 바꿉니다. 아들을 향한 그의 눈은 이제 이렇게 말하는 것만 같습니다. '너 자신의 경주를 하여라(Run your own race).' 세상의 장벽과 주위의 편견에 굴하지 말고, 남의 말이나 간섭에도 흔들리지 말고 꿈을 향해 솟으라는 뜻이지요. 소년이 로열발레학교에서 오디션 받는 장면과 심사 결과는 가려둡니다.

> 우리는 다 내면에
> 언제든 뛰쳐나올 준비가 돼 있는
> '특별한 재능'을 품고 있다.
> 관건은
> 그 재능을 발견하는 것이다

숨은그림 톺아보기

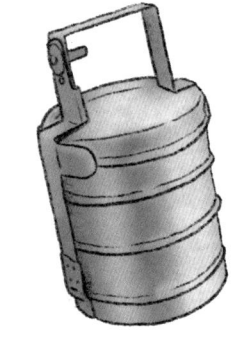

베스트셀러 작가 파울로 코엘료Paulo Coelho가 페이스북에 이런 글을 올렸습니다. 'Sometimes the wrong train can take us to the right place.' '잘못 탄 기차(the wrong train)'란 '예정이나 계획에 없던 결정 또는 선택'을 은유합니다. 그런 결정과 선택이 때로는 우리에게 '더 놀랍고 멋진 결과(the right place)'를 가져다준다는 게 함의含意입니다.

영화 <런치 박스 Lunch Box>는 일면식도 없는 인도인 남녀가 잘못 배달된 도시락으로 인해 서로 인연이 맺어진다는 내용의 러브스토리입니다. 앞에 소개한 문장은 여주인공의 명대사이기도 합니다.

아버지의 강요에 못 이겨 마지못해 복싱을 배우러 간 빌리 엘리어트. 빌리는 우연히 소녀들의 발레 수업을 구경합니다. 그러곤 발레의 매력에 빠집니다. '다른 기차'에 올라탄 소년의 선택은 훗날 그를 세계적인 발레 스타로 발돋움하게 한 운명적 첫걸음입니다.

시 삼복 예찬

산문 살아있게 해줘서 고마워요

삼복 예찬

　겸손한 나이테를 닮았구나. 켜켜이 굽이지는 길들이 혈관이 돼 살아 숨 쉬는 너 산비탈이여. 천지사방이 도탄에 들었던 시절 피란민들이 종주해와 도탑게 정붙이며 터전을 다진 곳. 입에 착 붙여 감칠맛 나게 발음해야 삼복 말고 산복山腹 되는 도로여.

　아침이면 산허리 아래 일자리로 데려다주는 동맥 도로 산복 도로. 가족을 가슴에 담고 출근하는 장삼張三들의 굿모닝 풍경이 위대하구나. 저녁이면 산허리 위 보금자리로 데려다주는 정맥 도로 산복 도로. 가족을 눈에 담고 퇴근하는 이사李四들의 굿바이 풍경이 성스럽구나.

산비탈 저 만디 등산로 곁의 한갓진 어깻죽지에 필부들의 옥탑방이 하나 있다. 다가가면 대문만큼 큰 문패가 버선발로 달려와 맞아주는 사랑방. 그 이름은 '수정산 빈대떡'.

보노라니 과아연! 시네마스코프 병풍이다. 창문마다 부산항을 소폭 중폭 대폭 어쩜 이다지도 멋들어지게 담아낼까. '수정산 빈대떡'에선 눈이 복 터진다.

먹어보니 과아연! 눈이 먼저 군침 돌게 하는 고색창연 이름표들이 손들고 뒷발 들고 '나 먼저, 나 먼저' 외친다. 닭똥집이랑 어묵탕이랑 수구리탕이랑 이 탕 저 탕을 죄다 내려다보는 맨 위 이름은 막걸리 도둑 빈자貧者떡. '수정산 빈대떡'에선 입이 복 터진다.

마주하니 과아연! 저 멀리 밤바다에서 그윽하게 바라보노라면 수만 마리 반딧불이처럼 연인들 눈에 하트가 반짝인다. 아, 그대 하트도 뿅. 내 하트도 뿅. '수정산 빈대떡'에선 가슴이 복 터진다.

먹기로 했다. 산복 도로 사랑방 '수정산 빈대떡'에서 삼복三福과 친구 먹기로 했다.

살아있게 해줘서 고마워요

'인생을 살아가는 방식엔 오직 두 가지가 있다. 아무것도 기적이 아니라는 듯이 사는 것과 모든 걸 기적으로 여겨 감사하며 사는 것이다(There are only two ways to live your life. One is as though nothing is a miracle. The other is as though everything is a miracle).'

아인슈타인의 글입니다. <서칭 포 슈가맨 Searching for Sugar Man>은 후자의 사례입니다. 무대는 1970년대 초 남아프리카공화국. 인종차별에 맞서 투쟁하는 젊은이들 사이에 '저항'을 노래하는 미국의 한 음유吟遊시인이 우상으로 떠오릅니다. 그의 이름은 시스토 로드리게즈.

그의 앨범은 남아공에서 수백만 장이나 팔립니다. 그런데 어찌 된 걸까요. 미국에선 그를 아는 이가 거의 없습니다. 음반 두 장을 냈을 뿐 초라한 활동을 끝으로 요절한 것입니다. '그가 권총으로 자살했다, 공연 중 분신焚身해 타 죽었다'는 게 극소수 대중이 기억하는 사인死因입니다.

그를 깊이 알고 싶어진 남아공 팬들이 1990년대 중반부터 수년간 그의 흔적을 추적합니다. 결과는 놀랍습니다. 은자隱者처럼 사느라 드러나지 않았을 뿐 그는 살아있습니다. 범사凡事에 감사하면서 어떤 잡역도 늘 성스러운 의식을 치르듯 맡아 일해 온 그의 삶이 마침내 세상에 알려지는데….

"인생은 무수히 작은 기적들이 끊임없이 일어나는 여정이다. 그 기적들과 함께 '살아있음을 감사하며' 산다면 그 인생 자체가 기적이다." 영화는 기적의 참 의미를 그리 말하는 것 같습니다.

데뷔할 무렵 '밥 딜런보다 뛰어나다(He is bigger than Bob Dylan)'는 평을 받은 이 실존 인물은 기나긴 공백을 깨고 세상 밖으로 나와 남아공 무대에 섭니다. 충격과 기쁨의 소용돌이 속에서 넋을 잃은 청중에게 그가 이렇게 말합니다. 다시 노래를 불러야 하는 의미를 되찾은 그의 인사말입니다.

"살아있게 해줘서 고마워요(Thanks for keeping me alive)."

> 인생은
> 무수한 작은 기적들이
> 끊임없이 일어나는
> 여정이다.
> 그 기적들과 함께
> '살아있음을 감사하며'
> 산다면
> 그 인생 자체가
> 기적이다.

숨은그림 톺아보기

숨은 그림은 시인 딜런 토머스Dylan Thomas입니다. 1941년생 가수 로버트 알렌 짐머만Robert Allen Zimmerman이 개명改名했는데요, 딜런 토머스의 시를 좋아하고부터랍니다. 개명한 이는 2016년에 노벨문학상을 수상한 음유시인 밥 딜런입니다.

크리스토퍼 놀란 감독의 <인터스텔라 Interstellar>에 딜런 토머스의 시가 언급됩니다. 죽음을 앞둔 늙은 교수가 등장하는 장면입니다. 시 제목은 「그냥 순순히 작별 인사 하지 마세요 Do not go gentle into that good night」. 이렇게 시작하는 작품입니다.

'그냥 순순히 작별 인사 하지 마세요,/ 늙은이도 하루가 끝날 때 뜨겁게 몸부림치고 소리쳐야 합니다,/ 빛의 소멸에 맞서 분노, 분노하십시오. Do not go gentle into the good night,/ Old age should burn and rave at close of day,/ Rage, rage against the dying of the light.'

시 천연기념물

산문 괴물은 양파와도 같아

천연기념물

아우디 벤틀리 벤츠 마이바흐가
등 푸른 바닷바람을 타고 날아다니는
그곳에 가면 있다
60층 70층 80층 주상절리柱狀節理가
하늘 궁전을 만든 해운대 마린시티에는
천연기념물이 있다

"또 뵙겠습니다아아아."

낭랑하게 미끄럼틀 타는
'할매 손 충무김밥집' 젊은 아낙 목소리가,
"또 모시겠습니다아아아"로 메아리치는 그 목소리가,
미소 짓지 않을 거면
식당 문 안 열겠다는 다짐 같은 그 목소리가
천연기념물이다

사람과 사람 사이가 수 마일 떨어진 섬 같은 대처에서
그쪽과 이쪽이 눈도 안 맞추려는 세상에서
너와 나를 가장 가깝게 이어주는 스마일이
천연기념물이다

MSG 안 섞인 아낙의 스마일이
색소 안 섞인 그 스마일이
보정 안 한 그 스마일이
천연기념물이다.

괴물은 양파와도 같아

'모든 창조적 행위의 출발은 파괴다(Every act of creation is first an act of destruction).'

피카소의 이 글은 <슈렉 Shrek>이 장착한 무기이고, 무기 이름은 '역발상逆發想'입니다. 작품 속 왕자는 꽃미남이 아닙니다. 공주는 잠들어 있지 않습니다. 공주를 구하는 영웅은 백마 타는 금수저가 아닙니다. 초록색 괴물입니다.

주인공 슈렉은 깊은 숲에 숨어 삽니다. 그 이유를 그가 이렇게 밝힙니다. "괴물은 양파와도 같아(Ogres are like onions)." '괴물'이 '인간'이어도 무방한 이 은유는 후속 대사가 그 뜻을 풀어줍니다. "사람들은 나에 관해 잘 알지도 못하면서 겉만 보고 판단하려고 들어. 그래서 난 혼자 사는 게 더 좋아." 그런 슈렉을 세상 밖에 나오게 한 건 영주의 명령입니다. "성탑城塔에 갇힌 피오나 공주를 구해 오라."

이런 글이 있습니다. '사람은 스테인드글라스 창과 같다. 해가 비치면 창은 반짝이고 빛난다. 하지만 밤이 와 어두워지면 건물 안을 밝히는 빛을 받아 비로소 창의 진정한 미美가 밖으로 드러난다.' 진정한 아름다움은 외면이 아니라 내면에 있다(True beauty is on the inside, not the outside)는 뜻이지요.

피오나와 결혼해 왕이 되려는 영주도, 그녀를 짝사랑하는 슈렉도 모르는 비밀이 있습니다. 그녀가 낮엔 미모의 공주로, 밤엔 추한 괴물로 변한다는 사실입니다. 진실한 사랑의 첫 키스를 받아야 영원히 공주가 된다고 믿는 그녀가 서둘러 영주와 입맞추려 할 때 해가 집니다. 하객들이 경악합니다. 슈렉은 달라진 모습 그대로도 좋다고 고백하고 피오나와 첫 키스를 합니다. 스테인드글라스 창을 통해 쏟아지는 빛이 그녀를 감쌉니다. 과연 그 빛은 그녀를 어떻게 바꿔 놓을까요.

'그 후로도 영원히 행복하기 위해' 누구도 꼭 완벽해야 하는 건 아니라고 노래하는 〈슈렉〉은 2001년 미국 영화예술과학아카데미가 신설한 장편 애니메이션 작품상 부문 초대初代 수상작입니다.

> 사람은
> 스테인드글라스 창과 같다.
> 해가 비치면
> 창은 반짝이고 빛난다.
> 하지만
> 밤이 와 어두워지면
> 건물 안을 밝히는 빛을 받아
> 비로소
> 창의 진정한 아름다움이
> 밖으로 드러난다.

숨은그림 톺아보기

양파 단면에서 나이테처럼 겹겹이 붙은 결은 철자 'C'를 닮았지요. 이 결을 보고 있으면 생각나는 게 있습니다. 초록 괴물 '슈렉'의 화장실입니다. 닫혀있을 땐 바르게 파인 'C'가 보입니다. 열려있을 땐 거꾸로 된 'C'가 보입니다. 거꾸로 된 'C'는 드림웍스의 로고일 것만 같습니다. 낚싯대를 쥔 소년이 앉아있는 '초승달 로고' 말이지요.

그럼 그믐달을 닮은 바르게 파인 'C'는 뭘 상징하는 걸까요. 저도 궁금하답니다. 여러분, 그거 아세요? 화장실이 '사고 다발 지역'이라는 걸? 여기서 '사고 다발 지역'은 '事故 多發 地域'이 아니고 '思考 多發 地域'입니다.

사고思考와 직결되는 개념은 호기심이지요. 혹시 'Curiosity호기심'의 'C'는 아닐까요. 새로운 걸 고안해내는 무기인 창의력 즉, 'Creativity'의 'C'는 아닐까요.

시 유정

산문 대중은 참신한 걸 원해

유정

빠졌다
잘 나가다가 삼천포로 빠졌다
참 잘 빠졌다

"유정씨는 어디 있어요?"

초행 길손이 정겹게 묻고
우리 귀도 덩달아 솔깃해지고
'유정 김밥' 아주머니 얼굴엔 미소가 번지고

누굴까, 그 유정은?
어딜까, 그 어디는?

칼국수 칠 인분 주문받기 무섭게
찰찰하니 육수를 붓는 손엔 정감이 촉촉하고
첨벙하니 가락을 부리는 손가락엔 멜로디가 찰랑인다

"칼칼하게 드십니꺼?"

정겹게 물으면서
고추를 청양청양 써는 그 마음씨가

"무김치 모지라믄 더 달라 하이소."

세 번이나 또 주세요 네 번이나 또 주세요 해도
곰삭아 차지게 맛난 무김치를
열 번 백 번 턱척턱척 담아낼 그 마음씨가
꼭 유정씨일 것만 같다

국수 가락을 펼치고 젓고 뜰 때 본
찬그릇 가득히 인심을 담아 올릴 때 본
칼국수 면발처럼 기다란 초승달 미소도

달항아리 백자 빙렬氷裂처럼
곱디고운 주름살이 물결치는 이마도
면발 두께만치 송송 맺히는 땀방울도
꼭 유정씨일 것만 같다

사천 박재삼 문학관을 나설 때
꼭 가보라며 다음번에라도 꼭 맛보라며
문학관장이 소개한 그곳
일손을 보태려고 내가 팔을 걷어붙였던 그곳
또 올게요 기약하고 또 기약한
삼천포 중앙시장 '유정 김밥'

빠졌다
무엇 하나 빠질 게 없는 삼천포로 빠졌다
잘 나가다가 삼천포로 빠졌다
참 잘 빠졌다.

대중은 참신한 걸 원해

'디자이너는 상식파괴자다.' 산업디자이너 김영세의 통찰입니다. 그는 '디자이너designer'에서 'de'를 '파괴하다destruct'의 뜻으로 받아들입니다. 그에게 'sign'은 '상식常識'입니다. 일례로 모양과 색, 부착 위치가 대동소이한 비상구 표시sign처럼 'sign'은 '안 바뀌는 것'의 상징일 테니까요. 'er'은 '자者'입니다.

상식파괴자는 창의력과 혁신력이 뛰어납니다. 그래서 즐기는 질문이 '만약에What if?'입니다. 이 질문은 '새로운 아이디어들이 넘치는 신세계로 이어주는 비밀 통로('What if?' is a secret tunnel into the new world of new ideas)'이기 때문입니다.

"만약에 말이지, 우리가 흑백 무성영화를 만들면 3D 영화에 열광하는 대중의 반응이 어떨까?" 2011년 아카데미 작품상 수상작 <아티스트 The Artist>는 영화계의 창조적 디자이너들이 이룬 역발상의 쾌거입니다.

때는 1927년. 영화는 무성영화 대스타 조지와 배우 지망생 페피가 운명적으로 만나는 장면으로 막을 엽니다. 곧이어 조지의 황금기가 막을 내립니다. 유성영화가 무성영화를 밀어내기 시작한 것. 답답하게도 조지는 세상이 혁신을 바라는데도 변화하지 않습니다.

변화를 반기는 유성영화 제작자들은 새 재목들을 발굴하는 한편 퇴물이 돼가는 조지를 일깨웁니다. "대중이 원하는 건 참신한 것과 새로운 인물이야(People want fresh meat and new faces)." 자신의 인기가 바닥까지 떨어진 이후에도 조지는 사재를 털어 무성영화를 제작합니다. 결과는 처참합니다.

대스타가 된 페피가 '만약에?' 질문을 들고 조지에게 달려갑니다. 질문 내용은 가려둡니다. 인생이라는 이름의 은막銀幕에 '종영終映'을 새겨 넣기 위해 극단적 선택을 하려던 조지는 마침내 변화와 혁신을 받아들입니다. 이제 신구新舊를 대표하는 두 배우는 각자의 장점을 살려 법고창신法古創新의 기발한 결말을 합작해냅니다.

"
'만약에(What if)?'

이 질문은
새로운 아이디어들이 넘치는
신세계로 이어줄
비밀 통로다.
"

숨은그림 톺아보기

"남한텐 없는 당신만의 특별함이 있어야 해요(You need to have something the others don't)."

미셸 아자나바슈 Michel Hazanavicius가 쓰고 감독한 <아티스트 The Artist>에서 남자주인공 조지가 연기자 지망생인 페페에게 해주는 말입니다. 이 대사에 이어 그가 여자의 입가에 '매력 점beauty spot' 하나를 찍어줍니다. 할리우드 여배우 메릴린 먼로의 점을 오마주homage하는 것이지요.

메릴린 먼로가 이런 말을 했습니다. '여성에게 필요한 신발을 줘라. 그러면 그들은 세상을 정복할 수 있다(Give a girl the right shoes, and she can conquer the world).' '신발'은 '기회'를 은유합니다. 그러므로 '여성에게 필요한 기회를 주면 그들은 뭐든 해낼 수 있다'는 게 속뜻이지요.

재미는

행복한 삶의
첫 페이지

네 번째 이야기

변화는
'내 힘들다'를
거꾸로 읽기

알베르트 아인슈타인은 '정신 이상'을 이렇게
정의했습니다. '어제와 똑같이 살면서 다른 미래를
기대하는 것은 정신 이상이다(Insanity is doing the same thing
over and over again and expecting different results).'
'기적이 돼라(Be the miracle).' 영화 <브루스 올마이티 Bruce
Almighty>의 명대사입니다. 노력해서 달라지고, 지금보다
나아지면 그 변화가 곧 기적이라는 뜻입니다. 그러므로
우리는 다 우리가 만드는 기적의 창조자입니다.
사르트르가 말했습니다. "인생은 B와 D 사이의 C다(Life
is C between B and D)." 그에 따르면 B는 탄생birth, D는
사망death, C는 선택choice입니다. 사르트르가 '선택의 C'를
강조한 건 선택이 인간의 운명을 결정짓기 때문이지요.
그러므로 변화는 선택의 결과이고 그것의 다른 이름이
'기적'인 것입니다.

시 별

산문 청춘은 청춘에게만 주기엔 아깝다

별

꿈꾸니까 별이다
묵묵히 자기 자리 지키니까 별이다
삼백육십오 일 빛나는 지구별 수십억 꿈들이
오늘도 순식간에 초록으로 물든다

반질반질 헤진 나침반과
낡은 운동화와 벗하는 지구별 여행자가
노트북과 신문과 시집 속에 초록 향 라테 한 잔 내리고
멈춘 시곗바늘처럼 잊고 있던 꿈갈피를 꺼낸다

삶의 미로를 헤매다 지쳐서
오늘도 초록 정거장에 내려앉은 별들이
다시 길을 나선다
두 손 가득 소중한 꿈을 테이크아웃 해서.

청춘은 청춘에게만 주기엔 아깝다

어느 인터뷰에서 70대 노작가는 머뭇거림 없이 대답합니다. "청춘!" 이어진 건 탄식의 말입니다. "애석하게도 청춘은 청춘에게만 주기엔 아깝습니다(What a pity that youth is wasted on the young)!" 노작가는 극작가 조지 버나드 쇼입니다.

무릇 젊은이는 청춘이 얼마나 소중한 때인지 잘 모르기 마련이지요. 지식도 지혜도 덜 무르익은 탓에 많은 이가 젊음을 낭비하는 경향이 크고요. 쇼의 명구는 그걸 일깨우는 게 분명할 텐데, 가끔 궁금해집니다. 노벨 문학상까지 받으며 95세를 열심히 산 그가 청춘을 낭비하는 이들에게 인생 선배로서 그렇게 일갈한 것일지, 아니면 그도 한땐 젊음을 허비했노라며 후회한 것일지….

괴테의 『파우스트 Faust』에 이런 글이 있지요. '더 나아지려고 노력할 때 인간은 실수도 하고 방황도 하기 마련이다(Man errs as long as he strives).' <비긴 어게인 Begin Again>이 내세우는 영화의 주제도 괴테의 명문장에 닿아 있어 보입니다. '시련을 이겨 한 걸음씩 나아갈 때에 우리는 더 강해지기 마련이다(You are only as strong as your next move).'

실연한 여주인공 그레타는 방황하고 있습니다. 경제적으로도 어렵습니다. 그렇다 해도 청춘을 허투루 낭비하진 않습니다. 때마침 그녀에게 중년의 음반 프로듀서가 다가옵니다. 곡도 쓰고 노래도 하는 무명의 그레타가 보석이 될 원석이라는 걸 알아본 겁니다. 문제는 그녀를 키울 능력이 그에겐 없다는 점. 한땐 잘나갔지만 실패하여 빈털터리로 방황하던 그가 달라집니다. 그녀의 열정이 그의 가슴에 불을 붙인 것입니다.

다시 시작하는 그들은 뮤즈의 짝이 됩니다. 한편 그레타의 실력을 못 알아본 음반 제작사는 투자를 거부합니다. 결국 둘은 길거리 공연을 열고 그걸 라이브로 녹음해 인터넷에 올립니다. 결과는 대성공입니다. '청춘을 주어도 아깝지 않을 청춘이 있다'는 걸, 그들이 열정과 땀으로 웅변한 결실입니다.

> 시련을 이겨
> 한 걸음씩
> 나아갈 때에
> 우리는
> 더 강해지기 마련이다.

숨은그림 톺아보기

합창과 춤을 관장하는 뮤즈 테르프시코레Terpsichore입니다. 그리스어로 그 어원은 'delight + dance'입니다. 그러므로 이 뮤즈의 이름의 뜻은 '춤추는 즐거움delight in dancing' 또는 '윤무輪舞의 기쁨'입니다. 뮤즈가 악기로 연주하면 무희나 합창대가 뮤즈 둘레에 동그랗게 모여 음악에 맞춰서 춤추고 노래합니다.

저에게 영감을 주는 뮤즈는 영화입니다. 신문 칼럼을 쓸 때, 책을 쓸 때, 책을 만들 때, 강연 콘텐츠를 만들 때, 시를 지을 때 제가 얻는 다양한 영감의 원천이 영화이니까요. 무비舞飛, movie이니까요.

그럼 제가 뮤즈와 흥겹게 춤추며 재미있는 놀이를 즐기는 으뜸 문화공간은 어디일까요. 스타벅스입니다. '집은 제1의 공간, 일터는 제2의 공간, 스타벅스는 제3의 공간입니다.' 이것은 스타벅스의 모토입니다. 집과 직장을 연결하고 이어주는 문화공간이라는 뜻이지요.

시 해보나 마나

산문 탁월함을 목표로 해 전진하라

해보나 마나

검색은
사색에게

얕은 사고는
깊은 사고에게

말 잘하는 이는
잘 말하는 이에게

입을 여는 지식은
귀를 여는 지혜에게

완벽한 것 추구하는 이는
완전한 것 추구하는 이에게

모르면서 안다 하는 이는
모르는 건 모른다 하는 이에게

해 보 나 마 나

백
전
백
패

탁월함을 목표로 해 정진하라

2010년 1월 뉴욕타임스 칼럼니스트 토머스 프리드먼이 오바마 대통령에게 주문했습니다.

"Spawn more Jobs."

개구리가 알을 바글바글 낳는 게 'spawn'이니까 '더 많은 일자리를 만들라'는 은유입니다. 그런 뜻만 있는 걸까요? 'jobs'가 아니고 'Jobs'인 것은, 국가가 더 많은 스티브 잡스를 만들어낼 창의적 교육을 강화하라고 당부한 것이지요.

같은 해에 IBM은 1500명의 세계적인 최고경영자에게 물었습니다. "가장 중요한 리더십 역량은 무엇입니까?" 이구동성의 대답은 '창의력creativity'이었습니다. 이 대답과 토머스 프리드먼의 주문을 결합하면, '양질의 일자리를 더 많이 만들어낼 창조적 리더

creative leader가 더 많이 나오게끔 교육의 질을 높여 달라'는 요청인 것이지요.

　　넬슨 만델라가 말했습니다. "가장 강력한 무기는 교육이다(Education is the most powerful weapon)." 그 이유가 뒤따릅니다, "이 무기로 우리는 세상에 변화를 일으킬 수 있다(which you can use to change the world)." 문제는 학생의 호기심을 자극해서 창의성을 북돋우는 창조적 교육이 아닌 경우 그 무기는 허약하며, 그거론 세상에 변화를 일으키기 어렵다는 점이지요.

　　인도의 유명 공과대학교가 무대인 <세 얼간이 3 Idiots>는 호기심과 창의성이 무척 뛰어난 대학생 삼총사가 자기들을 얼간이라며 따돌리는 교수를 상대해 벌이는 눈물겨운 소동극입니다. 그들 사이의 충돌은, '질문을 즐기는 창의적 공부'를 바라는 삼총사에게 교수가 '암기에만 의존하는 기계적 공부'를 강제하면서 거세집니다.

　　이 영화가 삼총사의 호소와 몸부림을 통해 설파하는 주제는 이것입니다. '탁월함을 목표로 해 정진하라. 그러면 성공은 따라온다(Chase excellence and success will follow).' 제자들이 그런 탁월함의 경지를 향해 도전하게끔 이끌어줄 창조적 교육이 절실한 시대인데도 딴판으로 가르치는 교육자가 있다면 꼭 새겨들어야 할 명대사이지 않을까요.

"

넬슨 만델라가
말했습니다.

"가장 강력한 무기는
교육이다.
이 무기로 우리는
세상에 변화를 일으킬 수 있다."

"

숨은그림 톺아보기

영화 <라이프 오브 파이 Life of Pi>의 주인공은 대양에서 227일간 표류합니다. 22 ÷ 7 = 3.14. 원주율입니다. 우리나라와 일본에서 3월 14일은 사탕으로 마음을 전하는 '화이트 데이 White Day'. 서구에선 '파이(π) 데이 Pi Day'입니다. 수학 관련 놀이를 하며 창의성을 즐기는 날입니다. 아인슈타인이 태어난 날입니다.
'5월 4일이 그대와 함께 하길(May the fourth be with you).' <스타워즈 Star Wars> 시리즈의 명대사를 패러디한 것이지요. '포스가 그대와 함께 하길(May the Force be with you).' 5월 4일은 <스타워즈> 팬들이 세계 곳곳에서 축제를 벌이는 날입니다.
숨은그림은 화성 탐사 로봇 '큐리어스티 Curiosity'입니다. 참 잘 지은 이름이지요. 제임스 카메론 감독이 말했습니다. "인간의 호기심은 가장 강력한 힘이다(Human curiosity is the most powerful force)." 당신의 '큐리어스티'는 3월 14일과 5월 4일에 무슨 놀이를 하며 보내는지요.

시 까치발

산문 우린 다 똑같은 색 오줌을 쌉니다

까치발

까치야

너는 알까

아버지는 직장에서

왜

구두 뒤꿈치가 닳지 않는지.

우린 다 똑같은 색 오줌을 쌉니다

'문文'은 '사람됨'입니다. 『논어 論語』 첫 문장, 즉 '배워서學 그걸 늘 쉬지 않고 익히면 기쁘지 않겠는가?'도 '문'의 뜻을 잘 밝히고 있지요. 부단히 '사람됨의 인성'을 기르라는 가르침인데요, '학學'의 목적어가 인문학의 '문文'입니다. 김용택 시인은 어머니에게 들어온 말, 즉 '사람이 그러면 못쓴다'를 인문학의 기본으로 봅니다. 정곡을 찌르는 통찰이지요.

'문文'은 '문장'입니다. 이 대목에서 대선 주자들에게 묻고 싶습니다. "'패밀리family'는 단어입니까, 문장입니까?" 이런 은유가 있지요. 'Family isn't a word. It's a sentence('가족'은 단어가 아닌 문장이다).' 단어들이 잘 연결돼야 문장이 완성되는 것처럼 식구들이 화목하게 하나가 돼야 가족이라는 이름의 문장이 된다는 뜻입니다. '가족'이 '국민'이 돼도 100% 통하고요.

국민을 단어로 취급해 편 가르기를 일삼는 이들이 대선 때만

되면 '통합의 지도자'라고 외치며 표를 넘봅니다. 그런 이는 '사람이 그러면 못쓴다'는 호통을 주야장천晝夜長川 들어도 싸겠습니다. '사람됨'이 부족해 '문장'을 얕보는 정치꾼은 국민과 국가에 공해입니다. 그런 이는 '폴루티션pollutician = pollution·공해 + politician·정치인'이지 않을까요.

<히든 피겨스 Hidden Figures>는 미국 항공우주국 소속 흑인 여성 삼총사의 활약상을 그린 실화입니다. 그들은 각각 수학·전산·공학 천재입니다. 하지만 정부가 국민을 백과 흑의 단어로 편 갈랐던 1960년대 초였기에 삼총사는 수백 미터나 떨어진 흑인용 화장실만 써야 하는 등 차별을 받습니다.

미국이 초기 우주 경쟁에서 소련에 밀린 요인 중 하나가 인종차별이라고 확신한 백인 보스가 흑인용 화장실 팻말을 깨부수곤 외칩니다. "우리는 다 똑같은 색 오줌을 쌉니다(We all pee the same color)." '우리는 하나We are united'라는 통합 메시지를 통해 미 항공우주국NASA 가족은 단어가 아닌 문장임을 선언한 것입니다.

> 김용택 시인이
> 말합니다.
>
> "내가
> 어머니에게 들어 온 말,
> 즉 '사람이 그러면 못쓴다'는
> 인문학의 기본이다."

숨은그림 톺아보기

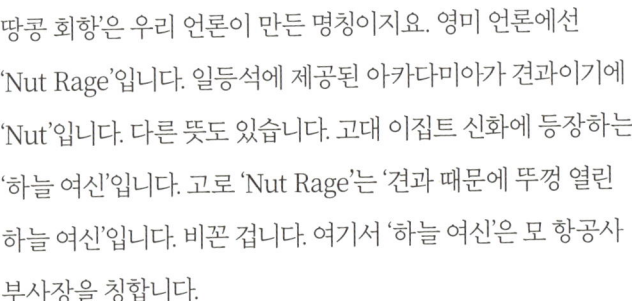

'땅콩 회항'은 우리 언론이 만든 명칭이지요. 영미 언론에선 'Nut Rage'입니다. 일등석에 제공된 아카다미아가 견과이기에 'Nut'입니다. 다른 뜻도 있습니다. 고대 이집트 신화에 등장하는 '하늘 여신'입니다. 고로 'Nut Rage'는 '견과 때문에 뚜껑 열린 하늘 여신'입니다. 비꼰 겁니다. 여기서 '하늘 여신'은 모 항공사 부사장을 칭합니다.

'인생 2막' 혹은 '경영 2막'을 준비하는 사람들에게 교훈이 될 명문장이 있습니다. '성공은 가장 큰 실패, 즉 교만驕慢으로 이어진다(Success leads to the greatest failure, which is pride).' 데이비드 브룩스의 책 『인간의 품격 The Road to Character』에 나오는 명구입니다. 이렇게 이어집니다. '실패는 가장 큰 성공, 즉 겸손과 배움으로 이어진다(Failure leads to the greatest success, which is humility and learning).'

시 미투

산문 광고판은 신의 한 수 같았어요

미투

레드카드다

피눈물이

무슨 색인지 선포할 때

장미꽃이

뽑아 드는

그것

악어의 눈물에게

장미꽃 가시는

옐로카드가 아니다

끝.

광고판은 신의 한 수 같았어요

골든글러브 작품상을 받은 <쓰리 빌보드 Three Billboards Outside Ebbing, Missouri>는 '물속 기름과 같은 것이 진실(Truth is like oil in water)'임을 웅변합니다.

무대는 미국 미주리주 에빙. 주인공은 약 1년 전 강간범에게 십대 딸을 잃은 밀드레드입니다. 그녀는 '기름을 가라앉히려고 아무리 많은 물을 퍼부어도 기름은 수면 위로 떠오른다(No matter how much water you add to depress oil, it floats on top)'는 진리를 그러쥐고 싸우는 영웅입니다.

이 작품의 관전 포인트는 '경찰이 어떻게 범인을 잡나'가 아닙니다. '약자인 시민이 어떻게 해야만 경찰이 범인을 잡나'입니다. 밀드레드는 미꾸라지 통에 메기를 집어넣습니다. 미꾸라지는 굼뜨고 무능한 경찰입니다. 메기는 제대로 일하라고 경찰을 자극하는 광고입니다.

밀드레드는 마을 진입로에 대형 광고판 세 개를 세웁니다. 그 안엔 이렇게 적혀 있습니다. '내 딸은 죽어가며 성폭행당했다. 범인을 아직도 못 잡았다고? 왜 못 잡나, 경찰서장?'

사그라지는 불씨 같던 사건이 재조명받자 신부神父와 경관이 밀드레드를 협박합니다. "마을 여론이 안 좋습니다. 광고판을 없애시오." '진실은 사람들이 좋아하든 싫어하든 상관없이 진실(The truth does not change according to our ability to stomach it)'임을 무시한 행위이지요.

현직 경관이 광고대행사를 테러하고 누군가가 광고판에 방화해도 방관하던 경찰이 대단원에 이르러 비로소 달라집니다. 암투병하다 자살한 경찰서장이 테러를 일삼는 경관에게 남긴 유서가 촉발觸發한 변화입니다. 유서 내용은 가려둡니다. 서장은 밀드레드에게도 글을 남깁니다. '세상을 바꾸는 아이디어'에 대한 찬사입니다.

'광고판은 탁월한 아이디어였어요. 신의 한 수 같았어요(The billboards were a great idea. They were like a chess move).'

"

기름을
가라앉히려고
아무리
많은 물을 퍼부어도
기름은
수면 위로 떠오른다.

"

숨은그림 톺아보기

'신수神手'. 중국어에 있는 이 단어는 '신적인 수준에 다다른 바둑의 수'를 뜻한다고 합니다. 이 개념을 받아들인 일본 바둑계에선 '神の一手(신의 일수)'로 활용되었고, 이게 우리나라에선 '신의 한 수'로 번역돼 통용된다고 합니다.

티탄 족 신 프로메테우스가 창조자를 상징하는 제우스 몰래 훔쳐 인간에게 준 '프로메테우스의 불'은 '창의력creativity'을 상징하지요. 여주인공이 광고판에 붙이려고 지은 세 문장은 '신의 한 수'라고 불러도 좋을 빼어난 창의력의 산물인 것이지요.

광고의 영문 및 번역문은 다음과 같습니다. 'RAPED WHILE DYING(내 딸은 죽어가며 성폭행당했다). AND STILL NO ARREST(범인을 아직도 못 잡았다고)? HOW COME, CHIEF WILLOUGHBY(왜 못 잡나, 경찰서장 윌러비)?'

시 소녀꽃

산문 견딜 수 있다면 해낼 수 있다

소녀꽃

소녀여

열여섯 나이에

할미꽃이 된 소녀여

살아서는

아니 잊으려고

죽어서도

아니 잊으려고

당신의 소녀를 꽃피웁니다.

견딜 수 있다면 해낼 수 있다

81세의 미국인 남성이 달립니다. 무대는 1998년 일본 나가노 동계올림픽. 한때 육상선수로 대성하는 게 꿈이었던 그는 1936년 베를린 하계올림픽 5000m 종목에 출전한 바 있습니다. 그의 이름은 루이스 잠페리니.

이번에 그는 성화 봉송 주자로 달립니다. 그의 일본 방문 목적은 또 있습니다. 와타나베 무쓰히로를 만나는 것. 그가 누구며 둘은 어떤 관계인지를 기록한 실화가 <언브로큰 Unbroken>입니다.

때는 1943년. 미군 장교 폭격수爆擊手 루이스가 태평양에 추락합니다. 47일간 표류한 그를 발견한 건 일본 해군. 루이스는 마셜 제도의 일본군 기지와 도쿄의 오모리 수용소 등 여러 곳에 포로로 갇힙니다. 고문을 비롯해 가학加虐적 폭력이 난무하는 생지옥에서 그는 버티고 또 버팁니다. 전쟁이 끝날 때까지 살아남는 게 일본에 이기는 거라는 믿음의 끈을 잡고서.

"견딜 수 있으면 해낼 수 있어(If you can take it, you can make it)."

　　루이스가 그 어떤 폭압暴壓에도 꺾이지 않게 해준 그의 형의 충고입니다. 루이스의 불굴의 의지와 생명력을 담금질해준 이 말은 이런 글과 의미의 맥이 닿습니다. '견디는 것만이 유일한 선택일 때 비로소 인간은 자신이 얼마나 강한지 알 수 있다(You never know how strong you are until being strong is the only choice you have).'

　　루이스는 2년 4개월 뒤 자유의 몸으로 귀국합니다. 하지만 심신이 만신창이가 된 그는 그 후로 끝내 하계올림픽 출전의 꿈을 이루지 못합니다. 맥아더 장군은 종전 후 '현상수배 전범 40인 명단'을 공개합니다. 그중 한 명이 루이스를 폭력의 실험 대상으로 삼은 수용소장 와타나베 무쓰히로입니다. 그는 평생 아무런 법적 심판도 받지 않았습니다.

　　다시 무대는 1998년 일본 나가노. 루이스는 그와 만나 용서해주고 화해하려 했으나 와타나베는 끝내 거부했습니다. 2020년 일본은 오모리 수용소가 있던 도쿄에서 하계올림픽을 개최합니다.

> 견디는 것만이
> 유일한 선택일 때
> 비로소
> 인간은
> 자신이 얼마나 강한지
> 알 수 있다.

숨은그림 톺아보기

FREEDOM IS NOT FREE(자유는 공짜가 아니다).

미국 워싱턴 DC '한국전쟁 참전용사 기념공원Korean War Veterans Memorial'에 가면 이 문구를 만나게 됩니다. 자유의 소중함을 상기시키는 글로 이보다 강렬한 문구가 또 있을까요.
공원엔 프랭크 게일로드Frank Gaylord가 조각한 '19명의 수색대 보병' 동상이 있습니다. 14명은 미합중국 육군, 3명은 해병대, 1명은 해군, 나머지 1명은 공군입니다. 그림자까지 세면 병사가 38명으로 보입니다. '38선'의 38입니다. 6.25 전쟁의 총 기간인 38개월의 38입니다.
천안함 폭침 사건은 2010년 3월 26일에 발생했습니다. '46+1'에서 '46'은 그때 순직한 용사들입니다. '1'은 구조 활동 중 순직한 한주호 준위입니다. 이 배지는 천안함 생존자 예비역 전우회장인 전준영 씨 작품입니다. 국민이 이들 용사에게 드릴 수 있는 훈장이 있다면 그건 '영원히 그들을 잊지 않는 것' 아닐까요.

시 살얼음

산문 인생은 B와 D 사이의 C

살얼음

얼음이 녹으면
물이 된다

그렇게 말하는 이는
모르는 거다

얼음이 녹으면
봄이 온다

이렇게 말하는 이는
아는 거다

가족 생각 켜놓은 채 잠이 드는*
살얼음의 간절함을
아는 거다

새벽 군불보다 먼저 뜨거워지는
살얼음의 희망도
아는 거다.

*함민복의 시 「가을」에서 인용

인생은 B와 D 사이의 C

'조물주는 모든 사람에게 몇 개의 양도할 수 없는 권리를 부여하였다. 그 권리 중에는 생명과 자유와 행복의 추구the pursuit of Happiness가 있다.' 미국 독립선언문의 맨 앞부분입니다. 드라마 <행복을 찾아서 The Pursuit of Happyness>의 원제原題는 이 명문名文에서 유래합니다.

프랑스 작가·사상가 장 폴 사르트르가 이렇게 말했습니다. "인생은 B와 D 사이의 C다(Life is C between B and D)." B와 D는 각각 탄생birth과 사망death입니다. 그럼 C는 뭘까요. 선택choice입니다. '선택이 운명을 결정짓는다'는 뜻이지요.

무대는 1980년대 초 샌프란시스코. 주인공 크리스는 섣부른 선택 때문에 노숙자가 됩니다. 의료 장비 방문 판매 사업에 투자했다가 전 재산을 날린 겁니다. 아내가 떠나고 그와 어린 아들은 길거리에 나앉습니다. 잘 곳을 찾아 부자父子는 지하철 화장실과 노숙자 쉼터를 전전합니다. 아들의 배를 곯리지 않으려고 그가 매혈賣血하는 날도 있습니다.

크리스가 새 선택을 합니다. 그의 운명을 바꿔놓는 주식 중개업입니다. 숫자에 밝고 사교성 좋은 그가 장점을 살린 겁니다. 첫 관문인 무보수 인턴사원 프로그램에 스무 명이 뽑히는데 그도 일인입니다. 문제는 한 명만 정직원이 될 수 있다는 점. 심지어 고교 졸업자는 그가 유일합니다. 주경야독하며 노력한 반년 후 사장이 알립니다.

"자네, 내일부터 1일일세(Tomorrow is going to be your first day)."

원제에서 '행복'이 'happyness'인 이유는 가려둡니다. '내일이 어제보다 나아질 거라는 믿음을 갖고 계속 발전하는 능력이 행복이다(Happiness is the ability to move forward, knowing the future will be better than the past).' 이걸 실천하며 숱한 시련을 이겨냈을 법한 크리스는 인턴일 때도 노숙자였습니다. 수년 후 그는 독립해 주식 중개회사를 세워 크게 성공합니다. 이 작품은 실화입니다.

> 내일이
> 어제보다
> 나아질 거라는
> 믿음을 갖고
> 계속 발전하는 능력이
> 행복이다.

숨은그림 톺아보기

'루빅 큐브Rubik's Cube'의 최단 시간 풀이 시간은 3.47초입니다. 기록 보유자는 중국인 위성두宇生杜. 인공지능 컴퓨터 기록으로는 0.38초. 독일의 생체 모방 로봇 '루빅스 컨트랩션'이 2018년 3월에 세웠습니다. 이 큐브를 창작한 헝가리 부다페스트 응용미술대학 건축과 교수 루빅 에르뇌Rubik Ernoe의 기록은 약 60초. 그도 처음엔 한 달 넘게 걸렸다고 전해집니다.

<행복을 찾아서>에서 '루빅 큐브'는 크리스의 운명을 바꿔놓습니다. 택시에 합승한 증권거래 전문가가 큐브를 손쉽게 푸는 크리스를 지켜보더니 직업을 바꿔보라고 제안하는데요, 크리스는 따랐고 그의 운명이 바뀝니다.

크리스는 '해바라기'입니다. '루빅 큐브 그림'은 '햇살'입니다. 헬렌 켈러의 명구가 '그렇다'고 말합니다. "햇살을 향해 얼굴을 들어라. 그러면 그림자가 안 보인다. 해바라기가 그렇게 한다(Keep your face to the sunshine and you cannot see the shadows. It's what the sunflowers do)."

변화는

'내 힘들다'를
거꾸로 읽기

나를 키운 건
팔 할이 할리우드 영화

앞 제목은 서정주의 시 「자화상」에서 따온 겁니다. 원문 그대로 옮겨봅니다. '스물세 해 동안 나를 키운 건 팔 할이 바람이다.' 팔 할까지엔 많이 못 미칠지라도 할리우드 영화는 제가 즐기는 다섯 가지 놀이 즉, 영화번역, 책 쓰기와 책 만들기, 칼럼 연재하기 그리고 강연의 뮤즈인 건 맞습니다. 이번에 놀이 하나를 더 추가하게 됐으니 그게 시 창작입니다.

"어떻게 시를 쓰게 됐어요?"

제가 종종 듣게 될 질문이지 않을까 싶습니다. 제 대답은 이겁니다.
"얼떨결에 쓰게 됐답니다."

영화번역도 저는 얼떨결에 시작했습니다. 그 사연은 저의 첫 산문집 『나의 영어는 영화관에서 시작됐다』에서 들려드린 적 있습니다. 공군교육사령부에서 학사 장교로 복무할 때 제 임무는 영어교육이었습니다. 해외파견 요원들에게 할리우드 영화를 보여주며 영어와 미국 문화를 가르친 경험이 훗날 "할리우드 영화를 번역해보지 않겠습니까?" 하는 질문을 받았을 때 제가 머뭇거림 없이 대답하는 힘이 돼주었거든요. "해보겠습니다."

질문은 바뀌면서 계속 이어졌습니다.

"책 써보지 않겠습니까?"
"우리 신문에 글을 연재해보지 않겠습니까?"
"우리 회사에서 강연해보지 않겠습니까?"

그때마다 호쾌하게 "해보겠습니다" 하고 대답한 데엔 공통점이 하나 있습니다. 제가 좋아하는 영화 <인크레더블 The Incredibles> 명대사와 명문장을 가져다가 설명해보고 싶습니다.

"행운은 준비된 사람들을 더 좋아해."
"Luck favors the prepared."

뜻이 같은 명문장이 있습니다. UCLA 대학교 농구 감독을 역임한 존 로버트 우든이 남긴 말입니다. 이겁니다.

"준비를 실패하는 건 실패를 준비하는 것이다."
"Failing to prepare is preparing to fail."

이걸 저는 이렇게 번역해봅니다.

'준비 실패자는 실패 준비자다.'

같은 의미의 명문장이 또 있습니다. 벤저민 프랭클린의 글입니다.

"By failing to prepare, you're preparing to fail."

돌아보니 제가 시를 쓰려고 해온 준비가 흥미롭게도 영화번역이더군요. 잘 아시는 바와 같이 영화번역은 제약이 따릅니다. 이름하여 '자막 글자 수 제약'. 번역가가 상영관 화면 하단에 담을 수 있는 자막의 수는 영어 대사의 길이에 의해 영향을 받습니다. 그렇기에 영어 대사에서 '딱 남겨야 할 것만' 번역해 자막을 만들어야 하지요.

불필요하다 싶은 걸 덜어내고 딱 필요한 것만 남겨두는 작업. 그걸 이십 수년간 하였더니 어느 날 제가 시를 쓰고 있더군요. 시를 쓰게 된 계기는 다음 페이지에서 들려드리고 싶습니다.

아운娥雲, 바다를 사랑하는 아름다운 구름

평범함은 포장된 길이다.

걷기 편한 길이다.

문제는 그 길엔 꽃이 안 자란다는 것.

Normality is a paved road:

It's comfortable to walk.

But no flowers grow on it.

- 빈센트 반 고흐 -

365일 중 누구도 자기 마음대로 다룰 수 없는 이틀이 있지요. '어제 yesterday'와 '내일tomorrow'입니다. 우리가 마음대로 할 수 있는 날은 오직 '오늘today'뿐입니다.

아카데미 작품상 수상작 <아메리칸 뷰티 American Beauty>는 '오늘'을 이렇게 노래합니다.

오늘은 당신의 남은 생의 첫날입니다.
Today is the first day of the rest of your life.

드림웍스가 만든 장편 애니메이션 <쿵푸팬더 Kung Fu Panda> 1편은 '오늘'의 소중함을 이렇게 일깨웁니다.

오늘은 '선물'입니다.
그래서 오늘을 'present'라고 하는 겁니다.
Today is a gift.
That's why we call it the present.

'present'는 '현재'와 '선물'이니까요. 미국 시인 존 그린리프 휘티어는 가장 슬픈 말을 'It might have been'이라고 자신의 시에서 노래했습니다. 과거 어느 때에 붙잡지 않아 놓친 기회를 훗날 되돌아보며 후회할 때 우리가 하는 말입니다. 그 뜻은 이겁니다. '그때 왜 안 해봤을까. 그때 해봤더라면 지금 내가 어떻게 달라져 있을까.'

시인의 명구에는 '미긍', 즉 '미'치도록 '긍'정적인 메시지가 들어있음을 우리는 잘 압니다. '과거에 안 해본 걸 해보려 할 때 그게 언제이든 결코 늦은 법이란 없다(It's never too late to be what you might have been).' 이건 우리가 앞에서 만났던 영국 소설가 조지 엘리엇의 명구이지요.

저에게도 가장 슬픈 말이 있습니다. "왜 난 여행을 많이 안 해봤을까. 많이 해봤다면 지금 내 삶은 어떻게 달라져 있을까." 제 이름 '미도美道'는 '아름다운 길'입니다. '길 도'가 저는 무척 마음에 듭니다. '풀어헤친 머리카락을 찰랑찰랑 휘날리면서 뭔가를 재미있게 상상하며 호쾌하게 걷는 이의 형상'이 '도道'라고 하는군요.

재미 삼아 지어본 제 아호는 '아운娥雲'입니다. 그 뜻은 '아름다운 구름'입니다. 작명 방식은 단출했습니다. '아름다운 길'에서 '-다운'이 반복되게끔 '아름다운 길다운'으로 쓰고 읽는 걸 좋아합니다. 그것의 첫 글자 '아'와 끝 글자 '운'으로 한집 살림을 차려줬더니 '아운'이 된 겁니다.

'아름다운 구름'은 숙명적으로 '역마살wanderlust 구름'입니다. 바람 따라 날아다니고 물길 따라 흘러가며 '재미있는 상상을 즐기는' 그런 '역마살 구름'입니다. 한 군데 머물지 않고 훨훨 여행하며 떠도는 구름이 '아운'입니다. 그런데도 저는 여행을 참 많이 안 해봤습니다.

어느 날, 존 그린리프 휘티어의 '가장 슬픈 말'을 떠올렸을 무렵에 떠났습니다. 여행지는 순천의 '와온臥溫' 바다입니다. 떠돌이 구름 '아운'이 붙박이 바다 '와온'을 처음 만난 날 구름은 바다와 사랑에 빠졌습니다.

세계적 명장 이안이 감독한 영화에 <와호장룡 臥虎藏龍>이 있습니다. 영어 제목은 'Crouching Tiger, Hidden Dragon'입니다. '웅크린 호랑이와 몸을 숨긴 용'이란 뜻이지요.

와온 바다의 '와'도 '와호장룡'의 그 '와臥'입니다. 이 '臥'는 '다소곳하게 상체를 숙여 낮춘 신하의 형상'이라고 하지요. 그러하니 '와온'은 그 의미가 낮은 바다이고, 따뜻한 바다인 겁니다.

그 옛날 누가 이토록 아름다운 한자 지명을 창작했던 걸까요. 궁금했습니다. 누운 듯 겸손하게 자세를 최대한 낮춘 바다를 바라보다가 저 자신에게 물어보았습니다. "내 안의 푸른 바다는 와온처럼 낮은 자세인 걸까? 내 안의 푸른 바다는 와온처럼 따스한 피인 걸까?"

그날은, 늦가을 비가 마치 연인의 첫 입맞춤 순간처럼 숨죽인 듯 고요하게 그리고 보드랍게 내리고 있었습니다. 와온 바다 가까이에 다가갔을 땐 입맞춤을 시샘이라도 하는 양 바람이 제법 거칠어지더군요. 시골 처녀의 수줍음 타는 치맛자락이 메릴린 먼로의 치마처럼 솟아오르게 할 정도로 센 바람이었습니다. 그날 그곳에서 잉태한 시가 「와온」입니다.

그날은, '과거에 안 해본 걸 해보려 할 때 그게 언제이든 결코 늦은 법이란 없다'는 충고를 제가 따랐던 날입니다. 그래서 그때처럼 저는 또 떠나려 합니다. 포장 안 된 길에 올라 시를 짓고 산문을 짓기 위하여. 새 책을 쓰기 위하여…

정한수

가슴속

등대 꽃을 켜려고

어머니는

새벽마다 물이 되신다.

I ♥ You Seoul Much

10대 아들이 바다 건너 공부하러 떠납니다. 아버지는 아들을 인천 국제공항 출국장에 들여보내고 어머니에게 전화해 손자의 소식을 전합니다.

"니 울었나?"

울릉도에 계시는 연로한 어머니가 전화를 받자마자 아들에게 물은 첫 마디입니다. 친구가 제게 들려준 일화입니다. 35년여 전 울릉도에서 고등학교를 갓 졸업한 아들이 뭍으로 공부하러 떠날 때 뒤돌아서서 눈물지으셨을 어머니. 손자를 떠나보내는 아들 모습을 그려보다가 옛 생각이 나셨고, 그래서 부모인 아들에게 그리 물어보셨겠지요.

자식이 보고 싶어 흘리는 부모의 눈물도, 자식이 무탈하게 커 잘 되길 바랄 때 적셔지는 눈시울도, 간절곶을 닮은 부모의 그 눈시울도 '정한수'이지 않을까요. 그래서 제 친구의 어머니를 위해 지은 시가 「정한수」입니다.

2019년 6월. 저는 아카데미 작품상 수상작 <그린 북 Green Book>을 모델로 삼아 <이미도의 무비 식도락> 칼럼을 썼습니다. 글 속 두 개 단어가 시「정한수」의 뿌리가 됐습니다. 탈고한 날 밤 이 두 개 뿌리에 물을 주었더니 시「정한수」가 되었습니다. 제목이 'You never win with violence'인 글을 소개합니다.

'막말 실력을 키우지 말고 세련된 언어력을 키워라. 꽃이 자라게 하는 건 천둥이 아니라 비다(Raise your words, not your voice. It is rain that grows flowers, not thunder).' 페르시아 시인 루미의 명구입니다.

사람 마음을 움직여 세상에 변화를 일으키는 무기는 폭력이 아니라 품격 있는 언어의 힘이라고 설파하는 영화가 <그린 북 Green Book>입니다.

무대는 흑백 차별이 심하던 1962년 미국. 영화는 피아니스트 돈 셜리와 운전사 토니가 순회공연을 떠나는 장면으로 막을 엽니다. 피아니스트는 흑인이고 운전사는 백인입니다. 그래서 토니가 '그린 북'을 챙깁니다. '흑인을 받아주는 숙박업소 안내 책자'입니다. 공연할 곳은 흑백 차별이 더 살벌한 미국 최남동부 도시들. 그렇다 보니 가는 곳마다 돈이 위험해집니다. 백인 상류층이 초청한 안전한 공연이지만 무대 밖에선 그가 살해의 위협까지 받습니다. 그럴 때마다 토니의 주먹이 셜리를 지켜줍니다. 인종차별 막말을 내뱉은 백인 경관도 그 주먹에 나가떨어집니다. 토니는 밤업소 문지기 출신입니다.

　　흑인 인권을 높여보려고 큰 용기를 내 시작한 순회공연은 토니의 수완 덕에 순풍을 탑니다. 한편 그의 문제 해결 방식을 못마땅해하던 돈이 일갈一喝 합니다. "폭력으론 절대 이기지 못해요. 항상 이기는 무기는 품위예요(You never win with violence. Dignity always prevails)."

　　토니가 달라집니다. 흑인 보스에게 품격있는 말과 글을 배우고 틈날 때면 편지를 써 아내를 기쁘게 합니다. 돈도 토니로 인해 몇몇 결벽증 습관을 고칩니다. 2개월의 오디세이를 끝마쳤을 때 둘의 우정은 가슴속 등대처럼 서로를 비춥니다.

　　대단원은 성탄 이브. 토니의 대가족 파티에 초대받지 않은 객이 등장합니다. 작곡가 이고르 스트라빈스키가 '신의 경지에 오른 실력자'라고 칭송한 흑인입니다. 토니의 아내가 그를 포옹해 속삭입니다. "남편 편지를 도와줘 고마워요." 그들의 우정은 2013년까지 이어집니다. 실화입니다.

글 속 '두 개 단어'는 '가슴속 등대'입니다. 그게 시 「정한수」에서는 '가슴속 등댓불'을 은유하는 '가슴속 등대 꽃'이 되었습니다.

『이미도의 언어 상영관』을 순산할 수 있게 응원해주신 모든 분이 저에게는 다 '정한수'입니다. '가슴 속 등대 꽃'입니다. 그분들께 고마움을 전합니다. **I ♥ You Seoul Much**

이 책의 디자인을 맡아주신 이은순님께. 저의 '멀티플렉스 상영관'을 매혹적으로 지어주셔서 감사합니다. 님의 아이디어인 '삽화 색인' 덕분에 이 책의 특징인 '버라이어티'와 '디테일'이 널리 회자膾炙된다면 무척 기쁘겠습니다.

이 책의 삽화를 창작하신 헌즈님께. 시 삽화와 산문 삽화, 그리고 챕터 삽화를 각기 차별화해 70여 점의 매혹적인 작품을 그려주셔서 감사합니다. 전부 액자로 제작해 간직하고 싶을 만큼 사랑스럽답니다. www.hunsclub.com에서도 작가님의 신작들을 더 자주 만나보고 싶습니다.

2019년 여름
<일 포스티노>의 무대가 부럽지 않은
동해안 바닷가에서
이미도 올림

끝일까요?

아닐걸요?

And One More Movie

『이미도의 언어 상영관』이 추천하는 인생 영화

아름다운 것은
관심받길 원치 않아요

부산광역시에서 '창조적 상상력creative imagination'을 주제로 해 강연한 적 있습니다. 강연장은 그곳 인재개발원. 1부-영화 감상, 2부-강연의 형식으로 프로그램이 진행됐는데요, 제가 챙겨간 영화는 '인생LIFE'이 소재인 작품입니다. 이때 **LIFE**의 각 철자는 사랑, 상상, 재미, 변화 즉, Love와 Imagination, Fun과 Evolution의 첫 글자 조합입니다.

10분쯤 지났을까요, 뒷자리의 몇 분이 맨 앞에 와 바닥에 앉더군요. 좌석 배치가 경사傾斜로 된 강연장이 아니어서 더 잘 보려고 말이지요. 영화가 대단원에 다다랐을 때쯤엔 다수가 눈시울이 촉촉해졌고, '종영' 자막이 뜬 뒤엔 모두 감동의 박수를 쳤더랬답니다.

이미 본 사람이 딱 한 명이었던 그 영화는 <월터의 상상은 현실이 된다 The Secret Life of Walter Mitty>입니다.

영화는 '상상력이 꿈틀대고 춤추고 훨훨 나는 세계'입니다. 그런 의미를 담아 언어유희 해봅니다. 무비를 '舞飛'로. 이 작품은 '영화적인, 너무나 영화적인' 필람무비必覽舞飛입니다. 한 소시민이 상상 속 세계와 현실 세계를 넘나들며 기상천외하게 모험을 펼치는 재미있고 감동적인 영화이거든요.

주인공은 42세 노총각 월터. 배우 이름은 벤 스틸러. 그의 직장 모토는 'Where there is life, there is hope'입니다. 그 뜻은 '삶이 있는 곳에 희망이 있다'입니다. 함의含意는 '가망이 있는 한 삶을 포기해선 안 된다'이고요. 어떤 업종 회사인 걸까요. 앞 모토에서 life를 'LIFE'로 바꾸면 '라이프'가 있는 곳에 희망이 있다는 뜻이 되지요. 그는 시사 월간지 『라이프 LIFE』에 다닙니다.

월터는 네거티브 필름 관리자negative film manager입니다. 책 표지용 사진은 물론 책 속에 실리는 '결정적' 사진들이 다 그의 손을 거쳐 갑니다. 그런데 잘 나가던 그에게 위기가 찾아옵니다. 문제는 그 위기가 할부 방식이 아니고 일시불로 들이닥쳤다는 점.

"종이 잡지 발행은 이번 호로 끝입니다"
"This month's issue will be our last."

회사는 앞으로 인터넷 사업에만 신바람을 불어넣겠다며 그렇게 선언합니다. 결국 그는 해고의 칼바람 앞에 놓인 촛불 신세가 됩니다. 월터에게 당장 필요한 위로의 단어는 희망 즉, 'HOPE'입니다. 'Hold on. Pain ends(끝까지 참아내라. 시련은 끝날 테니까)'. 네 단어의 첫 글자들 조합이 'HOPE'입니다.

또 하나의 위기가 월터를 덮칩니다. 마지막 호 표지용으로 사진작가 숀이 오지奧地에서 보낸 네거티브 필름이 그에게 오다가 배달 사고가 난 겁니다. 숀 배역의 배우 이름은 숀 펜. 여러 필름 가운데 딱 그것만 택배 박스에 안 들어있다니…. 필름이 빠진 건지 아닌지 월터가 확인하려면 숀의 소재부터 알아내야 합니다. 문제는 그가 있는 데와 연락처를 아무도 모른다는 사실.

더 큰 난제는 월터에게 'ABC'가 없다는 점입니다. 기본과 기초를 가리키는 그 'ABC' 말이지요. 소심남 월터는 특별히 해본 것도 특별히 가본 곳도 없습니다. 그에겐 도전적인 사람에게 있을 법한 'ABC'가 없습니다. 이때 'ABC'의 각 철자는 Adventurous,

Brave, Creative를 대표합니다. 월터는 모험심 없고 용기없고 창의적이지 못합니다. 그걸 그 자신도 인정합니다. 과연 월터는 이 세 가지 무기를 장착해 표지용 필름을 찾아낼 수 있을까요.

월터에겐 연인이 있습니다. 직장 동료 셰릴입니다. 한 번은 그녀의 집이 테러를 당하게 됩니다. 공중을 날아 주택 안으로 몸을 던진 월터는 셰릴의 애완견을 무사히 구조합니다. 실제일까요. 아닙니다. 그녀와 연인이 맞을까요. 아닙니다. 그가 그런 상황과 관계를 상상해본 겁니다. **'상상은 마법 양탄자의 엔진'**이니까요.

셰릴은 월터가 짝사랑하는 여인입니다. 그녀는 월터에게 기운을 북돋웁니다. 그녀의 대사는 미국 포스터용 홍보문구로도 사용됩니다.

> 용기를 내 미래를 향해 떠나봐요.
> 새로운 경험을 해보는 게 인생이잖아요.
> Life is about courage and going into the unknown.

감독이 의도적으로 영화 속에 심어놓은 『라이프』의 다른 모토도 함께 소개할게요. 이 모토는 시나리오 작가가 영화를 위해 창작한

것입니다. 월터가 모험을 떠나게 하는 자극제입니다

여행을 떠나 세상을 보세요.
안 보이던 걸 발견하세요.
낯선 이들과 더 가까워지고 서로를 더 잘 알아가세요.
감탄하고 감동하세요.
이것이 우리네 인생의 목적입니다.
To see the world,
to see behind the walls,
to draw closer,
to find each other, and to feel.
This is the purpose of life.

월터가 달라집니다. '**변화는 '내 힘들다'를 거꾸로 읽기**'임을 깨달은 겁니다. 깨닫는 건 또 있습니다. '**재미는 행복한 삶의 첫 페이지**'라는 것을. 그동안 변화 앞에서 늘 머뭇거리거나 두려워했고, 무척 재미없게 살았다고 자각한 월터는 두둑하게 의지를 다집니다. 마침내 그는 숀이 택배 박스에 함께 동봉한 필름들 속 몇 개의 단서들을 손에 쥐고 숀을 찾으러 떠납니다.

그의 갑작스러운 변화를 응원하면서도 동시에 우려하는 이들의 걱정대로 월터는 그린란드, 아이슬란드, 아프가니스탄 등을 거쳐 모험하면서 무수히 죽을 고비를 넘깁니다. 천신만고 끝에 월터는 히말라야 설산에서 촬영에 열중인 숀을 찾아냅니다. 춤이라도 추며 기뻐해야 할 그가 아연실색합니다. 숀이 필름을 보냈다고 주장하는 게 아니겠습니까.

"25번 사진은 내 생애 최고작입니다. 삶의 정수를 담았어요."
"Number 25 is my best ever. The quintessence of life."

그가 편지에 그렇게 썼을 정도로 뿌듯해하고 자랑스러워한 표지용 필름은 도대체 어디서 증발한 걸까요.

"아름다운 것은 관심받길 원치 않아요."
"Beautiful things don't ask for attention."

그렇게 숀이 월터에게 선문답 같은 화두話頭를 던지는군요. '삶의 정수'가 무엇인지 암시하는 말입니다. 혹시 이것은, '남이 알아주지 않아도 자신의 자리에서 열심히 일하며 묵묵하게 그리고 성실하게 살아가는 아름다운 이들'을 은유隱喩하는 예찬禮讚은 아닐까요.

손은 '자기의 의도대로 사진의 의미를 잘 살리려 한 이는 월터뿐이었다'고 말합니다. 이 찬사까지 들은 월터이므로 그는 꼭 문제의 25번 필름을 찾아내겠지요? 영화 끝부분에 『라이프』 최종호 표지가 공개됩니다. 음, 여러분은 이미 그 장면을 이 책 어딘가에서 보셨을 수 있습니다. 아직 이 영화를 안 봤다면 '눈물샘 둑이 무방비로 터질 경험'을 한번 해보시면 어떨까요.

참, 월터와 직장 동료 셰릴이 가까워질까요? 그럼요, **사랑은 사랑할 수 있는 용기**이니까요. 그걸 깨달은 월터가 용기를 내 그녀에게 다가가거든요.*

*이 글은 <국제신문>에 쓴 글을 변신합체 방식으로 재구성한 것입니다.

삽화 목록과
보너스 언어 상영

'우리는 외모를 보려고 거울을 사용하고 우리의 마음을 들여다보려고 예술작품을 감상한다(You use a glass mirror to see your face; you use works of art to see your soul).' 극작가 조지 버나드 쇼의 글입니다. 작가가 우리에게 이렇게 속삭이는 것만 같습니다. '거울 앞에 서는 시간보다 예술작품 앞에 서는 시간과 더 많이 친해보십시오.'

'보다see'는 눈eye만 작동하는 겁니다. 어른의 행위이지요. '들여다보다look at'는 '눈eye, 머리head, 가슴heart'이 다 작동하는 겁니다. 아이의 행위입니다.

독자님께 일러스트레이터 헌즈님의 작품들을 '다시 들여다보기'하는 재미를 권해보고 싶습니다. 그래서 마련한 코너가 '삽화 목록과 보너스 언어 상영'입니다. 저의 시 창작에 얽힌 에피소드, 영화·인물 등에 관한 깨알 정보, 그리고 책 본문에서 못다 한 이야기를 보탰습니다.

표지 삽화

하트 모양 풍선 다발이 이렇게 말하는 것만 같습니다.
"가슴이 이끄는 삶을 살아요(Follow your heart)."
'책 제목 박스'는 영화관 스크린입니다.
은막 밖으로 여행을 떠나는 풍선을 보고 있자니
<오즈의 마법사> 주제곡이 들리는 것만 같습니다.
'Somewhere over the rainbow…'.

프롤로그 삽화

[하트 뿅뿅] p4
드림웍스 애니메이션 <보스 베이비 The Boss Baby>의 주인공입니다. 미국 홍보문구는 'Ruthless and Toothless'입니다. 인정사정없는 젖먹이가 연상됩니다. <드래곤 길들이기 How to Train Your Dragon>에도 '투스리스' 용이 등장하지요.

[인생 예찬] p8
<월터의 상상은 현실이 된다>는 원제가 'The Secret Life of Walter Mitty'입니다. 그는 직장에 비밀로 해야 하는 사연이 있습니다. 삽화엔 영화의 중요한 비밀이 담겨있습니다. 아직 영화를 안 본 분들께는 그게 무엇인지 비밀입니다.

['007' 보스 베이비] p14
'제임스 본드James Bond'로 분한 '보스 베이비'입니다. '젖병 권총'이 무척 기발하고 사랑스럽습니다. 이 매혹적인 권총은 '독창적 아이디어unique idea'를 만드는 무기 즉, '창조적 상상력ceative imagination'의 산물이지요.

[거울과 창문] p18
이런 은유가 있습니다. '열린 마음은 열린 창문과 같아서 신선한 공기가 들어오게 한다(An open mind is like an open window. It lets the fresh air in).' 열린 마음은 열린 소통의 시작입니다. 열린 소통의 혈관엔 산소가 흐릅니다.

[책 읽는 여인] p22
'우리의 머리를 강타해 우리를 깨우지 않는 책은 대체 왜 읽나? 책은 우리 내면의 결빙된 바다를 쪼개는 도끼가 돼야만 한다.' 작가 프란츠 카프카의 글입니다. '내면의 바다'는 감수성과 창의성을 은유합니다.

[시네마 천국] p28
주세페 토르나토레 감독이 만든 이탈리아 영화 <시네마 천국 Cinema Paradiso>은 원제가 '파라다이스 극장'입니다. 이 극장에선 누구나 전쟁으로 인한 비극과 고통 그리고 슬픔을 잠시라도 잊어버릴 수 있으니 '천국'인 것이지요.

챕터 삽화

[카사블랑카] p32
<카사블랑카 Casablanca>의 키스 장면입니다. 원제의 뜻은 '하얀 집'입니다. 모로코 항만도시로, 2차 세계대전 때인 1943년 1월에 연합군 정상회의가 개최된 곳이지요. 얼마 후 미국 대통령은 백악관에서 '카사블랑카'를 봤습니다.

[에셔의 '상대성'] p94
모리츠 코넬리스 에셔는 기하학적 원리, 수학적 개념을 바탕으로 해 2차원 평면에 3차원 공간을 즐겨 표현했습니다. 그의 작품 <상대성>은 2010년 크리스토퍼 놀란 감독의 <인셉션 Inception> 포스터로 재탄생했습니다.

[와온과 아운] p156
바다 이름은 '와온臥溫'입니다. <국제신문> 문화부장이 찍은 사진이 바탕이 됐습니다. 그 사진과 이 삽화에 제목을 붙여봅니다. '와온을 사랑하는 아운'.

[변화의 기로] p220
4부 제목에서 '내 힘들다'를 거꾸로 읽으면 '다들 힘내'가 되지요. 수필가 장영희 교수가 하루는 몹시 지쳐 보이는 제자들을 위해 칠판에 '내 힘들다'를 판서하곤 거꾸로 읽어보라고 하셨습니다. '변화가 곧 기적'임을 시연한 것입니다.

시 삽화

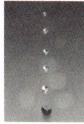

[몽돌] p36
정겨운 어촌과 바다가 두 팔 벌려 여행객을 마중하는 경상남도 울산광역시 동구 주전동 몽돌해변. 눈부시게 아름답던 날 '코어스 The Corrs'의 노래 'What can I do?'를 들으며 울었던 곳.

[오늘만 당신] p46
<버킷 리스트 The Bucket List>의 두 노인은 길어야 1년밖에 못 산다는 진단을 받습니다. 암입니다. 그 후 '오늘'의 소중함을 더 절절하게 깨닫습니다. '오늘은 나의 남은 생의 첫날(Today is the first day of the rest of your life)'이니까요.

[사랑비] p57
미국 유타주 친구 집에서 김태우의 곡 '사랑비'를 듣다가 문득 떠올렸습니다. 어느 초여름 서울 종로구 부암동 주민센터 부근 삼거리 커피숍에서 꽃비 같던 소낙비를 오래 바라본 추억과 풍경을. 그때 지은 게 「사랑비」입니다.

[야매] p64
'봄비는 오고 지랄이야/ 꽃은 또 피고 지랄이야'. 이렇게 시작하는 시 「봄날은 갔네」. 지은이는 박준. 시인의 집 마루엔 종이 상자가 있습니다. 용도는 미니 우체통. 봄이 오면 <일 포스티노 Il Postino> 집배원이 돼보고 싶습니다.

[러브 레터] p75
교보문고와 문학기행 갔던 곳. '국경의 긴 터널을 빠져나오자, 설국이었다.' 이 문장으로 시작하는, 가와바타 야스나리가 장기 투숙해 『설국』을 쓴 니가타의 '다카한 료칸'…. 이와이 슌지 감독의 <러브 레터>가 또 보고 싶군요.

[비채움] p82
<노트북 The Notebook>의 청년은 하얀색 저택에 화실을 마련합니다. 오래전 연인에게 약속했거든요. 옛사랑이 꼭 돌아와 그 화실에 있어 주길 바라는 청년을 떠올릴 때면 철쭉제가 열리는 5월의 황매산 아래 '비채움'이 더 그립습니다.

[와온] p98
때는 2016년 12월 9일 아침. 스타벅스 광교점에서 「와온」을 지었습니다. 탈고하고서야 알게 됐습니다. 그날 국회에서 무엇이 통과됐는지. 잠들 때까지 뉴스를 읽지 않았습니다. 「와온」만 읽고 또 읽었습니다.

[분수화] p108
김은숙 작가의 드라마를 좋아합니다. <도깨비>의 인기 덕분에 시 「사랑의 물리학」이 많은 이를 사로잡았지요. 서울행 KTX를 타고 가다가 만년필로 이 시를 필사하는 사람들이 있다는 말을 듣고 「분수화」를 썼습니다.

[용감한 부모] p118
"하물며 맹수도 채찍질이 무서우면 의자에 올라앉아요. 하지만 우리는 그런 맹수를 '훈련 잘 받았다'라고는 해도 '교육 잘받았다'라고 하진 않잖아요." <세 얼간이 3 Idiots>의 이 대사가 「용감한 부모」의 모체母體입니다.

[너는 알 거야] p129
"도슨트 한번 해볼실래요?" '박수근 탄신 100주년 기념전'이 열린 2014년, 가나아트홀 부산 지사장이 제게 청하더군요. 미술관에서 저는 이렇게 말문을 열었습니다. "저는 뭘 상상하며 이 그림을 봤는지 이야기해드리고 싶어요."

[1952년생 감자] p136
박수근 화백의 아내 김복순 여사가 술회한 말이 「1952년생 감자」에 영감을 주었습니다. '배가 고파 콩자반 몇 알 입에 털어 넣고 냉수를 벌컥벌컥 들이켰다.'

[묘비명] p147
'보검복지부 장관' 박보검이 드라마 <남자 친구>에서 나태주 시인의 「그리움」을 읽습니다. 나태주의 「묘비명」은 제목이 '그리움'이어도 절창이겠습니다. '많이 보고 싶겠지만 조금만 참자.' 이걸 읽고 쓴 졸시가 「묘비명」입니다.

[나와는 결별] p161
'쑥부쟁이와 구절초를/ 구별하지 못하는 너하고/ 이들길 여태 걸어왔다니/ 나여,/ 나는 지금부터 너하고 절교다!' 안도현의 시 「무식한 놈」입니다. 「나와는 결별」이 하늘처럼 떠받들고 싶은 작품입니다.

[만권의 여행] p168
알랭 드 보통이 영화 <터미널 The terminal> 주인공처럼 터미널에서 1주일간 '자발적 유배'를 경험하고 쓴 게 『공항에서 일주일을 A Week at the Airport』입니다. 책에 나오는 '수줍음 타는 동물shy animal'은 '독창적 생각'을 은유합니다.

[잘못 탄 기차] p178
유명 스포츠트레이너 아놀드 홍과 함께 강연한 적 있습니다. 그가 청중에게 자기 경험담을 풀어놓을 때 저는 배꼽이 빠지는 줄 알았답니다. 그때 떠올린 게 인도영화 <런치 박스 The Lunchbox>의 '잘못 탄 기차' 명대사입니다.

[삼복예찬] p188
일인삼역입니다. 옛날에 포장마차를 운영했다는 '수정산 빈대떡' 주인장은 사장님 겸 요리사 겸 종업원입니다. 말수가 적지만 입담이 구수합니다. 야경은 『아라비안나이트』의 현대판 장면 같습니다.

[천연기념물] p198
'점과 점을 가장 가깝게 이어주는 건 직선(The shortest distance between two points is a straight line)'이지요. '사람과 사람을 가장 가깝게 이어주는 건 스마일(The shortest distance between two people is a smile)'이고요.

[유정] p208
'노래는 참말이고 시는 곧 노래다.' 시인 박재삼의 어머니가 아들에게 한 말입니다. '경남 사천시 새시장길 19'에 있는 맛집 '유정 김밥'에서 저는 이런 생각을 해봤습니다. '이 식당 칼국수는 참말이다. 시詩다.'

[별] p224
'집은 제1의 공간. 직장은 제2의 공간. 스타벅스는 제3의 공간.' 스타벅스의 모토입니다. '제3의 공간'이란 집과 직장 사이의 문화공간을 뜻합니다. 아침에 스타벅스에서 조간신문을 읽으며 하루를 연 게 20년이나 됐군요.

[해보나 마나] p232
'거울아 거울아, 이 세상에서 누가 제일 예쁘지(Mirror, mirror on the wall, who's the fairest of them all)?' 여왕이 된 마녀가 묻고 거울이 답하는 방식은 구글보다 앞섰던 검색엔진의 원조가 아닐까요. 음성인식 기능까지 이미 갖춘….

[까치발] p240
'아버지라는 그 이름은, 그 이름은 남자의 인생'. 나훈아의 '남자의 인생' 노랫말입니다. 내용은 '가장의 인생'이더군요. 가장의 어깨를 짓누르는 삶의 무게와 상사 앞에서 까치걸음을 걷는 직장인의 애환을 떠올려봤습니다.

[미투] p249
하비 와인스타인은 <굿 윌 헌팅 Good Will Hunting>, 뮤지컬 영화 <시카고 Chicago>, <장고: 분노의 추적자 Django Unchained> 등을 만든 무소불위 영화 제작자였습니다. '미투 운동'의 표적이 돼 그의 가면이 벗겨지기 전까지는.

[소녀꽃] p257
시 「소녀꽃」은 처음엔 길었습니다. 배우 나문희가 맡은 <아이 캔 스피크 I Can Speak>의 할미꽃 연기를 보고는 짧게 고쳐 썼습니다.

[살얼음] p264
'당신 생각을 켜놓은 채 잠이 들었습니다.' 시 「성선설」로도 유명한 함민복 시인의 「가을」 전문全文입니다. '그리움'을 '간절함'과 '희망'의 언어로 변주해보고 싶었습니다. 「살얼음」에서는 「가을」의 '당신'이 '가족'이 됐습니다.

산문 삽화

[노트북] p40
'모든 위대한 사랑엔 위대한 이야기가 있다(Behind every great love is a great story).' <노트북 The Notebook>의 홍보문구입니다. 희소식이 나왔습니다. 동명의 소설 원작자가 제작자로 참여할 브로드웨이 뮤지컬이 만들어진다는….

[제리 맥과이어] p50
"영화관 매표소에 'Show me the money'를 써 붙여보면 어떨까요?" 퇴짜 받은 저의 아이디어입니다. 관람객에게 회사가 돈만 밝힌다는 선입견을 줄 것 같아 걱정된다는 게 수입·배급사의 퇴짜 이유입니다.

[사랑에 대한 모든 것] p58
"발끝을 내려다보지 말고 하늘의 별을 바라보세요. 호기심을 가지세요(Look up at the stars and not down at your feet. Be curious)." 2012년 런던 올림픽 경기장에서 스티븐 호킹 박사가 한 축사의 일부입니다. 그는 2018년에 별이 됐습니다.

[먹고 기도하고 사랑하라] p68
원작은 엘리자베스 길버트의 소설『먹고 기도하고 사랑하라 Eat Pray Love』입니다. 유명 방송인 오프라 윈프리가 이 책을 자신의 애독서로 꼽자 그걸 계기로 줄리아 로버츠가 영화 출연을 결정했다고 전해집니다.

[굿 윌 헌팅] p76
1997년 겨울 일본 나가노에서 스키 훈련을 받고 있을 때 숙소로 전화가 걸려왔습니다. "아카데미 각본상·남우조연상 후보에 올랐어요. 얼른 와 번역해주세요." 수학 천재인 것만 빼곤 많은 게 닮은 윌 헌팅이 저도 바꿔놓았습니다.

[꾸뻬씨의 행복 여행] p86
헥터는 떠남으로써 비로소 자유의 진정한 의미를 깨닫습니다. '자유는 당신이 좋아하는 걸 하는 것이다 (Freedom is doing what you love).' 카뮈는 이렇게 썼습니다. '자유는 더 나아지기 위한 기회다(Freedom is a chance to be better).'

[예스맨] p102
짐 캐리는 '팔방미인 八方美人, Jack-of-all-Trades'이지요. 흥미롭게도 일본에선 팔방미인이 '예스맨' 즉, '주관 없이 타인의 환심을 사려고 비위를 맞추는 사람'이라고 합니다. 영화 <예스맨 Yes Man>에서 '예스맨'은 '긍정적인 사람'입니다.

[사이드웨이] p112
단어 'sideways'는 '벽을 돌려 눕히면 다리가 된다(Walls turned sideways are bridges)'에도 있지요. '벽'은 부정적 사고, '다리'는 긍정적 사고를 은유합니다. 남자주인공도 뮤즈를 만나고부터 벽을 돌려 눕혀 다리를 만듭니다.

[마틸다] p122
마틸다가 소설가 '찰스 디킨스'를 좋아한다고 말하는 장면이 영화에 있습니다. 아이는 '달스 디킨스Dahl's Dickens'라고 잘못 말합니다. 동명 소설『마틸다 Matilda』를 지은 이가 '로알드 달 Roald Dahl'이라는 걸 드러내는 장치입니다.

[이티] p130
인간 소년 '엘리엇 Elliot'의 이름에서 첫 글자와 끝 글자를 붙이면 'E.T.'가 되지요. <스타워즈: 에피소드 1-보이지 않는 위협 Star Wars: Episode 1- The Phantom Menace>에는 '이티' 부족이 카메오로 등장합니다.

[벤저민 버튼의 시간은 거꾸로 간다] p140
책 『죽기 전에 봐야 할 영화 1001』에 꼽힌 작품입니다. 뒤로 날 수 있는 유일한 새는 '벌새hummingbird'이지요. '나이를 거꾸로 먹는 사람 a man who starts aging backwards'과 소재가 잘 어울립니다.

[코코] p148
"음악은 치매 환자가 자신들의 삶에서 어떤 중요한 사건을 기억해내는 데 도움이 됩니다." 영국 신경 과학자 '올리버 색스 Oliver Sacks'의 주장입니다. <코코 Coco>에선 「날 기억해줘 Remember Me」가 기적을 일으킵니다.

[송 포 유] p162
대단원의 경연대회 무대에서 노인은 먼저 세상을 떠난 아내를 위해 사부곡思婦曲을 부릅니다. 곡명은 빌리 조엘의 「자장가Lullaby(Goodnight, My Angel)」. 영국이 제작한 이 작품의 미국 제목은 'Unfinished Song 끝나지 않은 노래'입니다.

[나의 산티아고] p172
외모도 닮아서일까요, 독일 배우 하퍼 케르켈링은 애니메이션 <쿵푸 팬더 Kung Fu Panda> 1편과 2편의 독일어 목소리 더빙을 맡았더군요. 그래선지 이 연기자에게 조금 더 끌렸습니다. 우리나라에선 시리즈 모두 제가 번역했거든요.

[빌리 엘리어트] p182
'너 자신의 경주를 하여라(Run your own race).' 이 문장에서 race가 '독서reading, 재미 amusement, 자신감confidence, 변화evolution'의 첫 네 글자이면 어떨까요. 행복을 향한 '인생 경주'에서 우리에게 꼭 필요한 조건들 아닐까요.

[서칭 포 슈가맨] p192
"저는 제 벌이의 수준을 넘치게 살지 않아요. 제가 금욕주의자는 아니지만 그렇게 사는 게 더 지혜롭다고 생각해요(I live below my means. I'm not an ascetic. I just think that's wiser)." '슈가맨' 로드리게즈의 말입니다.

[슈렉] p202
'Shriek (공포감 때문에 날카롭게 소리 지르다)'에서 'i'를 빼면 슈렉Shrek입니다. 'I'm a Believer'가 주제곡이 된 건 가사 '난 진정한 사랑이 동화에나 있다고 생각했지(I thought love was only true in fairy tales)' 때문이란 게 후문입니다.

[아티스트] p212
문학을 사랑한 금발 스타 메릴린 먼로는 미국 국민시인 칼 샌드버그와도 친했습니다. 퓰리처상을 받은 극작가 아서 밀러와는 부부였고요. 노래도 잘한 팔방미인 먼로도 <아티스트>의 여주인공처럼 입가에 '매력 점'이 있지요.

[비긴 어게인] p226
남자주인공 댄 Dan은 성이 멀리건 Mulligan입니다. 골프 용어 '멀리건'은 벌타 없이 드라이버나 아이언을 한 차례 더 치라고 주는 기회입니다. 한 번 더 기회를 얻어 재기해서 마침내 성공하는 댄에게는 아주 잘 어울리는 성입니다.

에필로그 삽화

[세 얼간이] p234
제안합니다. 초등학교 1학년부터 고교 졸업 때까지 12년간 학생에게 책 필사를 하게 하면 어떨까요. 시간은 1교시 앞 10분. 학생이 자율적으로 책을 정해 매일 필사하면 인성과 사고력, 문장력, 창의력 등이 놀랍도록 좋아질 테니까요.

[히든 피겨스] p242
원제 'Hidden Figures'는 그 뜻이 '가려진 사람들'과 '숨어있는 수數'입니다. 백인 엘리트 남성 중심의 조직에서 차별받던 흑인 여성 삼총사가 유인 우주선 실험 비행 때 남들이 못 푼 문제를 풀어 영웅이 되는 이야기이니까요.

[쓰리 빌보드] p250
책 『죽기 전에 꼭 봐야 할 영화 1001』에 올라있습니다. 마틴 맥도나 감독은 여주인공 배역에 프란시스 맥도맨드를 찜해놓고 각본을 썼습니다. 맥도맨드는 코엔 형제the Coen Brothers 감독의 일원인 조엘 코엔의 아내입니다.

[언브레이커블] p258
실존 인물 루이스 잠페리니가 2014년 병상에서 본 마지막 영화는 안젤리나 졸리가 감독한 <언브로큰 Unbroken>입니다. 일본은 2차 대전 때 수용소의 모든 포로를 죽일 계획이었습니다. 그걸 막은 게 미국의 원자폭탄 투하입니다.

[행복을 찾아서] p266
영화 제목에서 'Happiness'가 'Happyness'로 돼 있지요. 주인공의 아들이 다니는 유치원 외벽에도 똑같이 적혀있고요. 양질의 교육 혜택을 받기 어려운 저소득층의 현실을 제작진이 그렇게 우회적으로 표현한 게 아닐까요.

[빛의 교회] p274
일본인 건축가 안도 타다오의 대표작입니다. 이 작품 하나만 봐도 그가 왜 '빛과 자연 친화의 마술사'라고 불리는지 알 수 있겠군요. 안도는 건축계의 노벨상으로 일컬어지는 프리츠커 건축상을 수상했습니다.

[아름다운 구름] p278
'목적지에 도착했을 때 집 생각이 나면 관광tour이고 집 생각이 안 나면 여행travel이다.' 이 글을 읽은 기억이 있습니다. 여행은 우리에게 겸손함을 가르치지요. 떠나오기 전 머물던 데가 얼마나 작은 세계인지 깨닫게 해주므로.

[감사 편지] p284
시 「정한수」에서 '등대 꽃'은 '등댓불'의 은유입니다. 그런데 삽화를 받아보고 처음 알게 되었습니다. '등대꽃'이 존재한다는 것을요. 단풍철쭉과 사촌지간으로 밤에 보면 등댓불처럼 보인다고 해 그렇게 불린다지요.

[끝일까요? 아닐걸요?] p290
액션 <콘 에어 Con Air>에 얽힌 경험담입니다. 영화가 안 끝났는데 끝난 줄 알고 관객이 일어날까 봐 제가 끝부분 화면이 암전됐을 때 검정 화면에 간격을 두고 자막 두 개를 넣었답니다. '끝일까요?'와 '아닐걸요?'.

[월터의 상상은 현실이 된다] p292
벤 스틸러가 이 영화의 감독·주연입니다. 쇼펜하우어가 말했지요. '인재는 아무도 못 맞히는 표적을, 천재는 아무도 못 보는 표적을 맞힌다.' 남이 못 보는 걸 보고 남이 상상 못 하는 걸 상상하는 사람은 천재라 불러도 좋겠습니다.

['어린 왕자' 조각] p300
'나였던 그 아이는 지금 어디에 있을까? 아직 내 안에 있을까, 아니면 사라졌을까?' 파블로 네루다의 글입니다. '나였던 그 아이'는 우리 내면의 어린 왕자입니다. 천진난만한 호기심입니다. 잠시라도 사라지게 해선 안 되겠습니다.

[리키와 미아에게] p310
친구는 폭풍우 속 어둠을 밝히는 등대와 같은 존재이지요. 이때 등댓불의 원천은 친구의 가슴이고요. 삽화 속 날짜 2019년 8월 13일은 『이미지의 언어 상영관』 발행일입니다. 우표는 삽화로만 존재합니다.

이 삽화의 모델은 조각가 박주현의 '어린 왕자'입니다. 어린 왕자는 없고 그의 외투만 남아있습니다. 삽화엔 조각작품에 없는 스노우볼이 추가됐습니다. 어린 왕자가 돌아오길 바라고 기다리는 사막여우 옆 스노우볼 속 어린 왕자는 어쩌면 '박제된 우리들의 천진난만한 호기심'은 아닐까요. 박주현 작가는 옛 공구나 농기구의 금속 또는 목재를 조각해 이야기를 짓습니다. parkjuhyun.com에서 그의 작품들을 만나볼 수 있습니다. 홈페이지 이름은 '툴 스토리 TOOL STORY'입니다.

나의 등댓불인 리키와 미아에게,
그리고 래니, 래이미, 라이튼에게 사랑을 동봉합니다.

초판 1쇄 발행 2019년 8월 13일

지은이 이미도
펴낸이 이미도

삽화 헌즈(www.hunsclub.com)
디자인 이은순(eleee@naver.com)
감수 리키 스미스

펴낸곳 뉴 **출판등록** 제2016-000057호
주소 서울특별시 강남구 광평로 56길 8-13, 418호
대표전화 010-8738-9914 **팩스** 02-6969-9914
이메일 midomiho@naver.com

ISBN 979-11-957987-2-8

Copyright ⓒ2019 by 이미도
이 책은 뉴의 콘텐츠입니다. 책 내용의 무단 전제나 복제, 광전자 매체 수록을 금합니다.
일부 또는 재사용하려면 반드시 뉴의 동의를 얻어야 합니다. 잘못 만들어진 책은 구입하신
서점에서 교환해드립니다.